# Redes e cidades

FUNDAÇÃO EDITORA DA UNESP

*Presidente do Conselho Curador*
Mário Sérgio Vasconcelos

*Diretor-Presidente*
José Castilho Marques Neto

*Editor-Executivo*
Jézio Hernani Bomfim Gutierre

*Assessor editorial*
João Luís Ceccantini

*Conselho Editorial Acadêmico*
Alberto Tsuyoshi Ikeda
Áureo Busetto
Célia Aparecida Ferreira Tolentino
Eda Maria Góes
Elisabete Maniglia
Elisabeth Criscuolo Urbinati
Ildeberto Muniz de Almeida
Maria de Lourdes Ortiz Gandini Baldan
Nilson Ghirardello
Vicente Pleitez

*Editores-Assistentes*
Anderson Nobara
Fabiana Mioto
Jorge Pereira Filho


COORDENAÇÃO DA COLEÇÃO PARADIDÁTICOS

João Luís C. T. Ceccantini

Raquel Lazzari Leite Barbosa
Ernesta Zamboni
Raul Borges Guimarães

ELISEU SAVÉRIO SPOSITO

# Redes e cidades

**COLEÇÃO PARADIDÁTICOS**
**SÉRIE SOCIEDADE, ESPAÇO E TEMPO**

© 2006 Editora UNESP

Direitos de publicação reservados à:
Fundação Editora da Unesp (FEU)
Praça da Sé, 108
01001-900 – São Paulo – SP
Tel.: (0xx11) 3242-7171
Fax: (0xx11) 3242-7172
www.editoraunesp.com.br
www.livrariaunesp.com.br
feu@editora.unesp.br

CIP – Brasil. Catalogação na fonte
Sindicato Nacional dos Editores de Livros, RJ

S761r

Sposito, Eliseu Savério
   Redes e cidades/Eliseu Savério Sposito. São Paulo: Editora UNESP, 2008.
    (Paradidáticos)

   Inclui bibliografia
   ISBN 978-85-7139-718-7

   1. Cidades e vilas. 2. Geografia urbana. 3. Internet – Aspectos sociais. 4. Comunidade – Desenvolvimento. I. Título. II. Série.

06-4592.
                                  CDD 910.17114
                                  CDU 911.3:711.4

EDITORA AFILIADA:

Asociación de Editoriales Universitarias
de América Latina y el Caribe

Associação Brasileira de
Editoras Universitárias

A COLEÇÃO PARADIDÁTICOS UNESP

A Coleção Paradidáticos foi delineada pela Editora UNESP com o objetivo de tornar acessíveis a um amplo público obras sobre ciência e cultura, produzidas por destacados pesquisadores do meio acadêmico brasileiro.

Os autores da Coleção aceitaram o desafio de tratar de conceitos e questões de grande complexidade presentes no debate científico e cultural de nosso tempo, valendo-se de abordagens rigorosas dos temas focalizados e, ao mesmo tempo, sempre buscando uma linguagem objetiva e despretensiosa.

Na parte final de cada volume, o leitor tem à sua disposição um Glossário, um conjunto de Sugestões de leitura e algumas Questões para reflexão e debate.

O Glossário não ambiciona a exaustividade nem pretende substituir o caminho pessoal que todo leitor arguto e criativo percorre, ao dirigir-se a dicionários, enciclopédias, sites da internet e tantas outras fontes, no intuito de expandir os sentidos da leitura que se propõe. O tópico, na realidade, procura explicitar com maior detalhe aqueles conceitos, acepções e dados contextuais valorizados pelos próprios autores de cada obra.

As *Sugestões de leitura* apresentam-se como um complemento das notas bibliográficas disseminadas ao longo do texto, correspondendo a um convite, por parte dos autores, para que o leitor aprofunde cada vez mais seus conhecimentos sobre os temas tratados, segundo uma perspectiva seletiva do que há de mais relevante sobre um dado assunto.

As *Questões para reflexão e debate* pretendem provocar intelectualmente o leitor e auxiliá-lo no processo de avaliação da leitura realizada, na sistematização das informações absorvidas e na ampliação de seus horizontes. Isso, tanto para o contexto de leitura individual quanto para as situações de socialização da leitura, como aquelas realizadas no ambiente escolar.

A Coleção pretende, assim, criar condições propícias para a iniciação dos leitores em temas científicos e culturais significativos e para que tenham acesso irrestrito a conhecimentos socialmente relevantes e pertinentes, capazes de motivar as novas gerações para a pesquisa.

**SUMÁRIO**

INTRODUÇÃO 9

CAPÍTULO 1
Cidades 12

CAPÍTULO 2
Redes 47

CAPÍTULO 3
Redes de cidades 85

CAPÍTULO 4
Cidades em rede 115

CONCLUSÃO 146

GLOSSÁRIO 150
SUGESTÕES DE LEITURA 154
QUESTÕES PARA REFLEXÃO E DEBATE 160

# INTRODUÇÃO

A ideia básica que permeia este livro é a de fornecer um quadro amplo e generalizado sobre o conceito de rede geográfica, cuja materialização – e expressão mais completa – é a rede urbana, de um ponto de vista histórico ligado ao modo pelo qual a rede vai se organizando, historicamente, no caso brasileiro, em relação à rede de internet, expressão mais disseminada da articulação entre as novas tecnologias de informação e o dia a dia das pessoas e das empresas. Não deixamos de lado o cotidiano do poder político, constituído pelos governos que regulam e regulamentam as relações sociais de produção.

Utilizamos, na elaboração deste trabalho, uma abordagem que se baseia na discussão das noções e dos conceitos em uma perspectiva histórico-descritiva, procurando salientar suas principais características e as inter-relações entre elas.

Uma preocupação foi não basear análise, discussão e conclusões apenas em obras de autores consagrados da Geografia, da Economia e da Sociologia. Procuramos utilizar diferentes fontes de informação, iniciando com livros científicos, passando por teses acadêmicas e chegando a extrair informações de jornais de divulgação e de sítios de informática. O emprego de obras consideradas científicas ao lado de dados de meios de divulgação, em forma impressa e virtual, é uma tentativa de mostrar que a produção do conhecimento tem seu estatuto teórico, mas também oferece a possibilidade de se trabalhar com dados empíricos e preocupações acadêmicas ou apenas com a divulgação para um público amplo, no nível do senso comum.

O panorama aqui apresentado não objetiva esgotar as análises sobre a temática, limitando-se, principalmente, a articular as características mais evidentes da rede urbana com as características das cidades em rede, com maior ênfase nas metrópoles, notadamente São Paulo, tomada como exemplo para o realce de alguns aspectos da rede urbana brasileira. Alertamos o leitor para o fato de que este livro oferece um amplo panorama com um mínimo de informações e exemplos sobre os aspectos teóricos nele tratados. Ao deparar com as afirmações entre aspas dos vários autores citados, o leitor deve consultar as notas de rodapé para a identificação precisa da obra da qual as citações ou os exemplos foram extraídos. Outra advertência: as ideias e as informações deverão ser lidas como uma totalidade decomposta em partes somente para a organização do volume. As partes têm suas articulações à proporção que a escala de enfoque vai do local (cidade) para o global (redes de internet).

O livro está estruturado em quatro capítulos. No primeiro, explicamos o que é uma cidade no mundo contemporâneo: processos de formação e transformação, estruturação interna, complexidade e movimento e as cidades como lugar de concentração e efervescência da cultura. Os exemplos mais frequentes, no texto, referem-se à metrópole e cidade global de São Paulo, principal centro urbano da América Latina, que é analisada como continente de antagonismos e complementaridades.

No Capítulo 2, fazemos uma descrição da rede geográfica, buscando verificar como se cria essa noção e salientando a formação e as articulações internas das redes de comunicações, principalmente da internet. A rede só é analisada como elemento básico na constituição das cidades e na redefinição do que é urbano. Ainda neste capítulo, inserimos algumas ilustrações que expressam a territorialização da rede urbana brasileira e os mais importantes centros com as maiores densidades de usuários de internet no mundo.

No Capítulo 3, intitulado *Redes de cidades*, a preocupação maior é mostrar a mundialização financeira, explorando, como exemplo, as mudanças tecnológicas nos processos produtivos contemporâneos, que constituem redes apoiadas em cidades eleitas para esse fim, como algumas metrópoles mundiais. Apresentamos o conceito de mundialização/globalização sem a preocupação de apontar a formação histórica de cada um dos termos, destacando as empresas globais e seu papel na conformação de diferenças territoriais nos países mais importantes para a economia mundial. Foi realizado um esforço para deixar clara a relação entre rede e território e concluímos o capítulo expondo o que é a sociedade informática e o que é a cultura da internet e suas imbricações mais visíveis.

Finalmente, no Capítulo 4, mostramos a complexidade da articulação da internet em diferentes escalas, incorporando distintos grupos de cidades (desde as metrópoles até as cidades intermediárias, às vezes chegamos a citar o campo), em uma abordagem da velocidade do tempo e do "encolhimento" do espaço. As continuidades e rupturas na constituição da logística de informática (repita-se, de internet), tendo como principais nós da rede as cidades eleitas para esse fim, constituem o tópico que articula os debates presentes no capítulo e funciona como resumo e cruzamento de todos os temas tratados no livro. Nesse capítulo comparece o maior número de ilustrações, que devem ser lidas como demonstrações de dados e representações dos exemplos citados em todos os capítulos anteriores.

# 1 Cidades

Iniciaremos este capítulo explicando o que é uma cidade no mundo contemporâneo, considerando seus processos de formação e transformação, bem como sua estruturação interna. Para tanto, vamos demonstrar sua complexidade e o movimento que orienta suas dinâmicas, seus antagonismos e suas complementaridades, bem como o fato de que ela é, por excelência, lugar de concentração e efervescência da vida social, econômica, política e cultural. A interlocução será feita com alguns autores escolhidos por suas contribuições ao tema: Jacqueline Beaujeau-Garnier, Leonardo Benevolo, Roger Brunet, Roberto Lobato Corrêa, Ana Fani Carlos, Maria Encarnação B. Sposito e José Eli da Veiga, entre outros.

## O que é uma cidade?

Tentar explicar o que é uma cidade, no mundo contemporâneo, é tarefa que exige a consideração de vários elementos que se relacionam historicamente em diferentes parcelas dos territórios, com intensidades e dinâmicas específicas em cada caso. Torna-se mais difícil ainda se a proposta é definir a cidade com base nas múltiplas determinações do processo de urbanização. Só abordando essa multiplicidade, mesmo que de modo resumido, podemos compreender como os conceitos de cidade e urbano são produzidos e em que medida são elementos explicativos do mundo atual.

Os processos humanos e naturais, reais e ficcionais, orgânicos e mecânicos fazem parte de um conjunto de determinações cujo entrelaçamento é bastante complexo e constitui a base das relações entre a cidade e o urbano.

A cidade não se resume, portanto, ao conjunto de edifícios com diferentes formas de uso, ao arruamento, por onde circulam pessoas e veículos, ao território ocupado, diferentemente, pelos atores sociais e suas atividades econômicas, nem tampouco aos aspectos culturais dos grupos populacionais que vivem na área urbana. A cidade é muito mais que cada um desses aspectos – mesmo que eles sejam individualizados para que possamos compreendê-los melhor – e vai além da simples combinação ou da articulação entre eles.

Para compreender a cidade é preciso, finalmente, ir além da regressão no tempo, à busca de sua gênese, e proceder a uma análise das diferentes manifestações urbanas no mundo presente.

Por isso vamos iniciar nossa discussão sobre o que é a cidade interpretando definições apresentadas por diferentes autores, as quais, em conjunto, estruturam, pedagogicamente, o conceito de cidade.

Para Jacqueline Beaujeau-Garnier, o geógrafo deve entender a cidade como "multiforme por sua situação, tamanho, arquitetura, organização interna, papel na vida regional ou nacional". Para realizar o estudo de uma cidade, deve-se abordá-la de diversas maneiras:

> por corresponder a um modo particular de ocupação do solo; por reunir num espaço mais ou menos vasto, mas, no entanto, muito denso, grupos de indivíduos que vivem e produzem; a cidade pode ser dinâmica e próspera ou degradada e quase moribunda;

é o nó de fluxos sucessivamente centrípetos ou centrífugos, de toda a natureza.[1]

Enfim, a cidade "é o elemento fundamental da organização do espaço". Citando Philippe Aydalot, a autora afirma que:

> a cidade existe concretamente; é o quadro do exercício de uma função social (cultura, valor, proteção do indivíduo); é o elemento funcional de um sistema econômico; o quadro de um poder de decisões exercido por uma burguesia coerente; é uma unidade definida pelo cotidiano do mercado de trabalho.[2]

Ainda segundo Beaujeau-Garnier, é preciso considerar a cidade uma "concentração de homens, de necessidades, de possibilidades de toda espécie", que reúne grande capacidade de "organização e transformação" e deve ser encarada, ao mesmo tempo, como "sujeito e objeto". Como objeto, ela "existe materialmente", contém elementos que exercem atividades de produção e de consumo utilizando seus diversos equipamentos. Como sujeito, exerce influência sobre seus habitantes, em termos de atitudes e impulsos. Assim, "se o homem utiliza e molda a cidade, a recíproca é igualmente verdadeira".[3]

Como primeira conclusão, podemos afirmar que a cidade revela os interesses e as ações da sociedade e, ao mesmo tempo, oferece condições para que esses interesses e ações se realizem, contribuindo para determinar o próprio movimento oriundo desse conjunto de ações.

Se a cidade comporta atividades tipicamente urbanas, isso não significa que apenas em seus espaços se realize o que é "urbano" no mundo atual ou tampouco que haja limites fixos entre a cidade e o campo. Pelo contrário: atualmente, as

---
1 BEAUJEAU-GARNIER, J. *Geografia urbana*. Lisboa: Calouste Gulbenkian, 1980, p.16.
2 Ibidem, p.22.
3 Ibidem.

paisagens da cidade e do campo apresentam-se amalgamadas, difusas, com superposições e imbricações de difícil explicação apenas pela observação. Só é possível ter uma avaliação do que pode ser urbano e do que pode ser rural com base no estudo das dinâmicas e das práticas socioespaciais.

Essas dinâmicas são apreendidas pela localização das infraestruturas e das atividades nos espaços: sistemas viários, fábricas, equipamentos comerciais e de serviços, residências, disposição das pequenas propriedades que definem os cinturões verdes – sobretudo nas proximidades das grandes cidades. Essas localizações se articulam entre si por sistemas de transportes, fluxos de telecomunicações e trajetos realizados pelos pedestres, entre outros meios.

Em outras palavras, significa que há formas de apropriação dos espaços por diferentes atividades, para diferentes usos e por diferentes sujeitos sociais, dos indivíduos aos grandes conglomerados, a uma divisão social e territorial do trabalho da qual é possível uma compreensão mais nítida da cidade e do campo, bem como da manifestação do que é urbano e do que é rural.

Do ponto de vista da legalidade, é possível distinguir e diferenciar a cidade do campo pelo mapeamento do Imposto Predial e Territorial Urbano (IPTU), que se circunscreve no perímetro urbano, composto por uma linha que define a área de expansão da cidade. Além dos limites do perímetro urbano, o imposto recolhido é considerado rural, expressando a condição jurídica dessas terras.

No entanto, não podemos entender a cidade e o campo apenas pela ótica legal, porque, embora não seja comum, é possível encontrar, em cidades de todos os tamanhos, atividades agrícolas em áreas loteadas, cobrindo as superfícies de lotes tidos como urbanos.

Outros indicadores precisam ser levados em conta para se compreender a cidade: a natureza e a densidade das infraestruturas (abastecimento de água encanada, vias com e sem pavimentação, redes de iluminação, de telefonia e de coleta de esgoto), os equipamentos de consumo coletivo (escolas, hospitais, parques, praças), os serviços urbanos (coleta de lixo, policiamento, limpeza de vias). Esses e outros indicadores são, também, elementos que permitem compreender a cidade além da planta que pode ser visualizada em um mapa.

Outra indagação que precisamos fazer é o que é considerado uma cidade no Brasil. Aqui, toda sede de município é cidade, em uma clara adoção do critério político-administrativo. Essa definição está presente no Decreto-lei n. 311, de 1938, aprovado durante o Estado Novo, período do governo ditatorial de Getúlio Vargas, e ainda hoje persiste como base para levantamentos estatísticos, ações da administração pública, buscas de informação geográfica etc. Por essa razão, como há aproximadamente seis mil municípios no Brasil, esse seria o número de cidades existentes no país, nas quais viveriam quase 80% da população.

No Estatuto da Cidade, aprovado no Congresso Nacional em 2001, em cumprimento à Constituição Federal brasileira de 1988, não há definição do que seja cidade, cabendo às Câmaras Municipais estabelecer as delimitações territoriais de suas cidades para conformar as bases dos censos demográficos, realizados a cada dez anos no Brasil.

Em Portugal, para ser considerado cidade, um núcleo urbano deve ter população mínima de oito mil habitantes, além de possuir, pelo menos, 50% dos seguintes equipamentos:

a) hospital de permanência;
b) farmácias;
c) corporação de bombeiros;
d) casa de espetáculos e centro cultural;
e) museu e biblioteca;
f) instalações de hotelaria;
g) estabelecimento de ensino preparatório e secundário;

h) estabelecimento de ensino pré-primário e creches;
i) transportes públicos, urbanos e suburbanos; e
j) parques e jardins públicos.[4]

Há outros critérios que podem ser lembrados: no Reino Unido e na África do Sul, são considerados cidades aqueles núcleos definidos por uma forma de administração que, nos termos da classificação brasileira, seria chamada de municipal. Há países, no entanto, que adotam o critério populacional (número de habitantes) para definir o que é cidade. Assim, qualquer aglomeração com 250 habitantes é cidade na Dinamarca, com dois mil habitantes, na França, ao passo que, na Holanda, só é considerada cidade uma aglomeração com, pelo menos, vinte mil habitantes. Completando as comparações, sabemos que no Japão apenas aglomerados com trinta mil habitantes são considerados cidades e, na Coreia do Sul, o número cabalístico é de quarenta mil habitantes. Há países que buscam combinar o critério numérico com o critério administrativo, como é o caso dos Estados Unidos, da Turquia e da Noruega. Já na Itália, só é considerada cidade a aglomeração em que pelo menos metade da população não exerça atividades agrícolas.

Há grande diversidade de critérios e de referenciais para se definir o que é cidade, principalmente se os indicadores estabelecidos forem apenas o populacional e o administrativo. Por essas razões, é preciso incorporar outros indicadores que auxiliem na definição da cidade e, muito mais, na definição do que é urbano.

Assim, mesmo que tenhamos outros critérios adotados em diferentes países, eles sempre se baseiam ora nos dados demográficos, ora nos limites administrativos. O que falta,

---

4  VEIGA, J. E. Nem tudo é urbano. *Ciência e Cultura*. São Paulo: SBPC, ano 56, n.2, abr./jun. 2004, p.28.

para uma compreensão concreta do fenômeno urbano (seja para a definição de cidade, seja para a compreensão do que é o urbano), a nosso ver, é trabalhar com aspectos que demonstrem a realidade concreta da sociedade, como a divisão do trabalho, lembrando o ciclo da produção esboçado por Karl Marx, que compreendia os processos de produção, circulação, troca e consumo. A verificação de onde ocorrem as atividades do processo produtivo exige lembrar que as atividades tipicamente rurais são aquelas definidas pela produção de mercadorias agrícolas, minérios e produtos de pesca, ao passo que as outras atividades são tipicamente urbanas, mesmo que tenham influência direta no chamado mundo rural, como é o caso das agroindústrias e das indústrias produtoras de defensivos agrícolas e fertilizantes.

Esta é uma ideia importante que queremos evidenciar: a divisão do trabalho (que pode ser mais precisa quando chamada de divisão territorial do trabalho) é uma base teórica mais complexa, que requer a informação geográfica muitas vezes difícil de obter, e ao mesmo tempo mais concreta para se compreender o que é a cidade e o que é o urbano, porque é a manifestação territorial das relações de produção.

É importante ressaltar que "a cidade é um território particular ou uma combinação de territórios" que "depende de realidades, mecanismos ou escalas bem diferentes", expressos pelas rupturas relacionadas não apenas a tamanho ou estatuto, como aquelas existentes entre o que é público e o que é privado, entre o que é urbano e o que é rural, por exemplo. Essa definição, mais geral, pode ser complementada por aspectos particulares da cidade: "trata-se de necessidades cotidianas, de suas fontes de alimentação e de rendas, de dominação ou de serviços, sobre um jogo de atração e de direcionamento ao exterior".[5]

---

5  RONCAYOLO, M. *La ville et ses territoires*. Paris: Gallimard, 1990, p.19.

## A formação e as transformações da cidade

Para continuar explicando o que é cidade, nosso recorte temporal vai levar em consideração, principalmente, as transformações ocorridas depois da época dos grandes descobrimentos, embora no decorrer deste livro possam comparecer informações de quando as cidades começaram a se definir como lugar diferenciado na produção de ideias e objetos. Em síntese, faremos um esforço para compreender a cidade produzida e transformada pelas relações capitalistas de produção no momento da consolidação da primeira Revolução Industrial.

Para Leonardo Benevolo, a cidade diferencia-se da aldeia porque é mais dinâmica e se transforma mais rapidamente. Ela tem sua própria dimensão de tempo, que é diferente do tempo da aldeia, definido pelas atividades do campo. A cidade é o lugar do poder, e seu "nascimento" é justificado pela existência de um excedente agrícola: enquanto seus habitantes estão mais voltados para atividades artesanais e o exercício do poder, os camponeses têm de produzir os alimentos e as matérias-primas necessárias para si e deixar o excedente para as vilas e cidades. Esse mesmo autor afirma que as sociedades neolíticas já "conhecem os cereais cultiváveis, o trabalho dos metais, a roda, o carro puxado pelos bois, o burro de carga, as embarcações a remo ou a vela" e, por essas razões, naquele período, começou "a espiral da nova economia: o aumento da produção agrícola, a concentração do excedente nas cidades e ainda o aumento de população e de produtos garantido pelo domínio técnico e militar da cidade sobre o campo".[6]

Fustel de Coulanges informa que "foi por medo dos deuses que o romano se tornou senhor da terra", porque a religião

---

6   BENEVOLO, L. *História da cidade*. São Paulo: Perspectiva, 1983, p.26.

dos romanos era uma religião política.[7] Tanto em Roma quanto na Grécia antiga, o medo aos deuses imperava: "Atenas e seu território estão cobertos de templos e capelas... Cada casa é um templo, e em quase todos os campos há um túmulo sagrado".[8] Esse autor conclui que a cidade grega foi fundada como se fosse uma religião. Assim, em uma sociedade que se fundava nessas premissas, o cidadão ficava submetido, em tudo e sem reservas, à cidade, sem liberdade e à mercê do Estado.

Voltando no tempo, para aproximadamente dois mil anos antes de Cristo, na Mesopotâmia, o excedente de riqueza concentrava-se nas mãos dos governantes das cidades, representantes do deus local. Mas não eram esses governantes, detentores do poder político, que produziam o excedente agrícola, condição fundamental para a existência das cidades. Era a população que se encarregava da agricultura.

E para que o excedente agrícola se tornasse realidade, o domínio de algumas técnicas (como a irrigação) e o conhecimento de elementos da natureza (variações climáticas durante o ano, solos adequados para a agricultura, por exemplo) foram necessários.

A diferenciação entre a cidade e o campo, que se evidencia com a divisão do trabalho, com a emergência de classes sociais antagônicas e com o exercício da religião e da política por parte dos governantes, ocorre com a organização de territórios onde o poder se instala e expande seu alcance para outras cidades e para o campo. Isso acontece desde a Antiguidade, passando pela Idade Média (quando o processo foi diferente, porque nos territórios da atual Europa não era comum uma cidade dominar a outra, pois não havia impérios ou Estados fortes) e chegando aos tempos do Renascimento, com as formas da cidade se modificando lentamente e com a

---

7   COULANGES, F. *A cidade antiga*. São Paulo: Américas, 1961, p.290.
8   Ibidem, p.294.

expansão, por todo o mundo, desse modo de assentamento humano.

A Revolução Industrial, assim chamada porque representou uma mudança irreversível nas formas de apropriação e transformação da natureza e de organização das relações sociais de produção, é marco essencial na alteração das formas das cidades.

Quando surgiu, a cidade tinha características do que chamamos de valor de uso, mas, com a consolidação do capitalismo, tudo o que nela se constrói (edificações, arruamentos, componentes da infraestrutura etc.) carrega, como consequência, além do valor de uso, o valor de troca[9] e a indissociabilidade entre essas duas dimensões das mercadorias. É preciso, portanto, compreender as formas de uso do solo na cidade por meio da luta entre proprietários e não proprietários de imóveis e pelas diferenças entre o valor de troca e o valor de uso e entre o direito à propriedade e o direito à apropriação da terra.

Os pontos de referência nas explicações teóricas e nas exemplificações empíricas acerca do conceito de cidade são fornecidos pelos fenômenos típicos da metrópole, os quais se projetam em uma rede de cidades médias que se consolida cada vez mais, no caso brasileiro, sobretudo por causa da desconcentração da produção tecnológica e industrial. Aí surge uma importante questão: o que é uma cidade média? Temos de admitir, concordando com Roger Brunet, que "nunca é cômodo tratar de um objeto real não identificado", e a cidade

---

[9] O valor de troca significa a "faculdade que a posse de determinado objeto oferece de comprar com ele outras mercadorias" (SANDRONI, P. *Dicionário de economia*. São Paulo: Best Seller, 1989, p.322), isto é, equivale à possibilidade de um objeto ser trocado pelo equivalente geral, o dinheiro. Já o valor de uso corresponde à utilidade de um objeto decorrente de suas características próprias. Para mais detalhes, o leitor poderá recorrer à obra BOTTOMORE, T. (Org.). *Dicionário do pensamento marxista*. Rio de Janeiro: Zahar, 1988 ou MARX, K. *O capital*. São Paulo: Nova Cultural, 1985, cap. I a III, p.41-119 (Os Economistas).

média comporta uma dificuldade de conceituação. Mesmo assim, "ela existe, mas ninguém ainda a definiu verdadeiramente". Por isso, a respeito dela se tem "uma noção, um pouco vaga, não um conceito".[10] Enfim, se existe um corpo teórico bem definido e bastante difundido sobre a metrópole e os fenômenos da "metropolização", sobre as cidades médias ainda há muito o que fazer, embora já se possa adiantar, com clareza, seu papel na constituição e no dinamismo da rede urbana, principalmente naquilo que concerne aos aspectos logísticos das comunicações (telefonia e internet, por exemplo) e dos fluxos de informações e de mercadorias (como autoestradas e infovias).

A identificação das cidades médias (como de qualquer aglomeração urbana) pelo critério demográfico é tarefa fácil. É possível elaborar balanços de perda ou de ganho da população, de natalidade e de mortalidade, partindo de dados obtidos por órgãos governamentais ou mesmo por investigação direta, mediante busca de dados para elaboração do levantamento geográfico. Informações referentes a preços de terrenos, preços de imóveis, volume de transações comerciais, organização do comércio e da indústria ou mesmo a equipamentos coletivos, em uma cidade média, são elementos que, uma vez obtidos e organizados em tabelas ou mapas, permitem compreender a dinâmica da cidade.

Voltando às ideias de Brunet, há muitos argumentos que podem ser utilizados em favor das cidades médias: elas são numerosas e têm papel importante na estruturação do território. Existem fortes diferenças locais no que diz respeito à distribuição das cidades médias no território, o que nos leva, imediatamente, a confrontar seu papel com o das principais metrópoles. No caso brasileiro, lembremos que a cidade de

---

10 BRUNET, R. Villes moyennes: point de vue de Géographie. In: COMMERÇON, N., GOUJON, P. (Orgs.). *Villes moyennes*. Lyon: PUL, 1997, p.13.

São Paulo é considerada uma metrópole global, a do Rio de Janeiro, uma metrópole nacional, e ainda existem as metrópoles regionais, que são um conjunto de cidades intermediárias consolidadas e reconhecidas em cada um dos estados da federação, articuladas a metrópoles e centros menores, com os quais têm relações de troca de mercadorias e serviços, por exemplo.

## A estruturação interna da cidade

É preciso, neste ponto, analisar quem são os sujeitos que produzem a cidade e qual o papel que eles representam no contexto social.

Marcel Roncayolo, geógrafo francês, afirmou que, para se compreender as desigualdades na cidade, é preciso observar o papel dos agentes produtores do espaço nela construído. Esses agentes são:

> os proprietários do solo e dos imóveis, proprietários individuais, agindo por meio da constituição de seu patrimônio. Depois, as organizações econômicas que, de um lado, utilizam o espaço para seus próprios fins (banco, comércio ou espetáculo, empresas industriais) e, de outro, intervêm na "fabricação da cidade": companhias imobiliárias, empresas de construção [e, enfim], o poder público que, segundo modalidades variadas e às vezes contraditórias, acompanha as operações do capital privado.[11]

Para Roberto Lobato Corrêa, "fragmentada, articulada, reflexo e condicionante social, a cidade é também o lugar onde as diversas classes sociais vivem e se reproduzem"; e, em uma abordagem mais ampla do espaço urbano feita pelo mesmo autor, ela é, também, "um conjunto de símbolos e campo de lutas".[12]

---
11 RONCAYOLO, M. *La ville et ses territoires*, p.127-8 (tradução do autor).
12 CORRA, R. L. *O espaço urbano*. São Paulo: Ática, 1989, p.9.

Para ele, o espaço urbano "é um produto social, resultado de ações acumuladas através do tempo e engendradas por agentes que produzem e consomem o espaço".[13] Os diferentes agentes produtores do espaço urbano responsáveis por essa dinâmica, enunciados pouco antes, podem ter suas formas de atuação mais detalhadas:

1) Os proprietários dos meios de produção – personificados pelos donos de grandes indústrias e empresas comerciais – que, pela conformação de suas atividades, estabelecem as dimensões de sua ocupação na cidade e sua grande capacidade de consumo do espaço urbano, por exemplo, ao localizarem suas empresas ao longo das vias férreas, próximas aos portos ou em locais que oferecem amplas possibilidades de acesso.

2) Os proprietários fundiários, cujo objetivo principal é extrair, de forma ampliada, a renda fundiária[14] de suas propriedades, tanto pelo uso residencial quanto pelo uso comercial, buscando mais o valor de troca do solo que o valor de uso.

É necessário explicar, neste ponto, que, embora estejam sempre buscando se apropriar da mais-valia social,[15] ora pela comercialização das mercadorias produzidas, no caso dos proprietários dos meios de produção, ora pela obtenção da renda fundiária, como é o caso dos proprietários de terrenos ou de edificações destinados à venda ou ao aluguel, esses

---

13 Ibidem, p.11.
14 Também chamada de renda da terra, a renda fundiária refere-se à capacidade que as pessoas têm de se apropriar, sob a forma de dinheiro, de tudo que é produzido. A renda pode ser absoluta (aquela definida pela existência da propriedade particular da terra), diferencial (caracterizada pelas características da propriedade, desde a fertilidade do solo até sua localização, quando se trata da cidade) ou de monopólio (definida pela capacidade que algumas pessoas têm de pagar por produtos pouco oferecidos no mercado).
15 Partindo do pressuposto de que "o valor da mercadoria é determinado pela quantidade de trabalho socialmente necessário para produzi-la" (SANDRONI, P. *Dicionário de economia*. São Paulo: Best Seller, 1988, p.182), a mais-valia equivale ao valor do trabalho não pago ao trabalhador. Ela se compõe da renda fundiária, dos lucros e dos juros apropriados pelos capitalistas.

dois agentes produtores da cidade não estão em acordo sobre como e quando se apropriar dela. Eles têm de exercer suas atividades considerando a legislação própria do país, que, por sua vez, estabelece as devidas limitações a ambos.

Assim, cada um desses agentes procura estabelecer estratégias de ação diferenciadas no tempo e no espaço. Os conflitos de interesse entre os proprietários fundiários estabelecem-se porque eles buscam se apropriar da mais-valia social, principalmente pela renda da terra. Por sua vez, os diferentes proprietários do capital, como os industriais e os representantes dos capitais imobiliário e financeiro, podem estar integrados direta ou indiretamente em grandes corporações que "compram, especulam, financiam, administram e produzem espaço urbano".[16]

Os proprietários fundiários, especificamente, movem-se, também, dentro de limitações próprias do sistema capitalista, porque, na busca da demanda por terrenos e edificações (para habitações, estabelecimentos comerciais ou industriais etc.) transformam a terra rural em terra urbana, induzindo o crescimento demográfico da cidade, orientando sua dimensão territorial e o direcionamento dessa dimensão.

Em tal aspecto, os proprietários fundiários interagem pressionando o poder público para que a infraestrutura seja instalada, o que facilita suas estratégias de definição de preços de venda do terreno ou da habitação e viabiliza a obtenção do maior lucro possível. A instalação da infraestrutura e a utilização das chamadas "externalidades", como localização com vista para o mar, proximidade de áreas verdes, posição em relação ao relevo, entre outros aspectos, são importantes para as ações desses agentes. Isso permite a produção de bairros diferenciados e, portanto, o estabelecimento de preços diferenciados para a exploração da mercadoria "terra" na cidade.

---

**16** CORRÊA, R. L. *O espaço urbano*, p.12-3.

3) Os promotores imobiliários são responsáveis por operações que facilitam a compra e a venda de fragmentos da cidade. Essas operações são: a) *incorporação*, operação que se define por escolha, divisão e qualificação dos lotes de terrenos ou dos edifícios para moradia ou produção de mercadorias; b) *financiamento*, disponibilizado de acordo com a massa de dinheiro necessária para o comprador se apropriar de um imóvel; c) *estudo técnico* para adequar as obras conforme os parâmetros legais e avaliar possibilidades de comércio e de lucro; d) *construção* propriamente dita do imóvel, considerando-se as empresas do ramo da construção civil e a força de trabalho necessárias; e) *comercialização* "ou transformação do capital-mercadoria em capital-dinheiro, agora acrescido dos lucros",[17] responsabilidade que está nas mãos de planejadores de vendas, profissionais de propaganda e corretores que trabalham no "corpo a corpo" com os compradores potenciais.

4) O Estado tem atuação "complexa e variável tanto no tempo como no espaço, refletindo a dinâmica da sociedade da qual é parte constituinte".[18] Ele pode atuar em diferentes frentes:

> grande industrial, consumidor de espaço e de localizações específicas, proprietário fundiário e promotor imobiliário, sem deixar de ser também agente de regulação do uso do solo e alvo dos chamados movimentos sociais urbanos.[19]

A ação do Estado é "marcada pelos conflitos de interesses dos diferentes membros da sociedade de classes, bem como pelas alianças entre eles",[20] tornando viável a existência simultânea de interesses distintos de vários agentes produtores e consumidores do espaço urbano.

---

17 Ibidem, p.19.
18 Ibidem, p.24.
19 Ibidem.
20 Ibidem, p.26.

5) Os grupos sociais excluídos são aqueles que demandam, sobretudo, moradia nas cidades. Como o acesso à moradia ocorre em um processo seletivo por causa das próprias condições da cidade capitalista, a casa é, em grande parte, produzida pelo sistema de autoconstrução em loteamentos periféricos em relação à cidade mais densamente ocupada ou até mesmo em loteamentos clandestinos localizados, no extremo, em áreas públicas ou de proteção ambiental. Quando isso ocorre em áreas consideradas mais centrais, o surgimento das favelas é fato concreto, principalmente em terrenos públicos, encostas íngremes ou áreas alagadiças.[21] Os grupos sociais excluídos sempre incorporam a contradição de morar na cidade e lutar pelo direito de acesso a ela.

Com base nas explicações apresentadas, lastreadas no texto já citado de Roberto Corrêa, podemos acrescentar mais algumas características para compreender como a cidade cresce. Não nos esquecendo das determinações históricas características de cada cidade, podemos dizer que ela comporta três tipos de crescimento: populacional, horizontal e vertical.

O primeiro deles (populacional) é de fácil apreensão porque um dos principais indicadores para se identificar as cidades, tanto no nível do senso comum quanto no nível das estatísticas, é o número de habitantes. Esse indicador, presente nos manuais de geografia urbana e em todos os recenseamentos, é a população de uma cidade, que pode ser decomposta por faixas de idade, profissões, renda, índices de natalidade ou de mortalidade, expectativa média de vida e, aprofundando-se um pouco mais na pesquisa, pode-se chegar aos Índices de Desenvolvimento Humano (IDH), por exemplo.

O crescimento horizontal é definido pelo perímetro da cidade com sua planta urbana, que vai se desdobrando com

---

21 Ibidem, p.29-30.

novos loteamentos ou ações que resultam na incorporação da terra rural à sua área. Assim, o estabelecimento de unidades comerciais e industriais ou de moradias só pode ser feito em regiões já existentes na cidade ou em locais incorporados e destinados a esse fim. Quando a cidade tem um novo loteamento incorporado à malha existente, de forma contínua ou descontínua, o traçado de ruas e avenidas será o conjunto de elementos orientadores da circulação de pessoas, da implantação de infraestrutura básica e de equipamentos de consumo coletivo.

Neste ponto, podemos retomar a discussão sobre o papel dos agentes produtores do espaço urbano, já mencionados. Esses agentes adotam várias estratégias para comercializar os lotes produzidos como mercadoria, lançando mão da propaganda nos meios de comunicação (mídia impressa ou televisiva, por exemplo) e provocando processos de especulação fundiária quando o preço de venda, além de incorporar o lucro devido ao agente, incorpora "externalidades" pelas quais nada se pagou (efeitos de vizinhança, como a proximidade de um centro comercial, a existência de uma linha de ônibus ou a presença de escolas).

O terceiro tipo de crescimento é o vertical. As estratégias utilizadas pelos agentes para propiciar o crescimento horizontal são muito semelhantes às observadas no caso do crescimento vertical. A incorporação de novos lotes para a construção de edifícios residenciais ou de serviços é uma constante em cidades grandes ou mesmo em cidades de porte médio. Esses novos lotes, que desenham o crescimento horizontal da cidade, nem sempre são decorrentes de novos loteamentos, podendo ser locais já ocupados, que têm seu uso modificado na própria cidade, próximos ou distantes do centro ou de núcleos comerciais (de shopping center, por exemplo).

Nas metrópoles, há características de complementaridade entre os imóveis e o sistema de circulação de pessoas: edifícios com algumas dezenas de andares podem servir de base para pouso de helicópteros, que conduzem pessoas de modo seletivo, constituindo uma rede de transportes altamente sofisticada e de custos elevados.

É necessário lembrar que, aos poucos, os agentes estruturadores foram, também, mudando de magnitude e de características. Se, no início, os loteadores (que se constituem em um dos elementos estruturadores) eram os primeiros a estabelecer o momento e a direção em que a cidade deveria se expandir horizontalmente, em um segundo momento foram os empreendimentos imobiliários, representados pelos edifícios de três ou mais pavimentos, que modificaram a cidade verticalmente. Associados, há menos tempo, a eixos de orientação do tráfego (grandes avenidas, retificações ou canalizações de cursos d'água, por exemplo), os distritos industriais, a princípio, e os shopping centers, atualmente, são os elementos catalisadores das mudanças internas da cidade, uma vez que redirecionam a localização das habitações e dos equipamentos comerciais e de serviços.

Para Flávio Villaça:

> [se] a estruturação do espaço regional é dominada pelo deslocamento das informações, da energia, do capital constante e das mercadorias em geral, o espaço intraurbano, ao contrário, é estruturado fundamentalmente pelas condições de deslocamento do ser humano.[22]

E isso pode ser comprovado pelo "enorme poder estruturador intraurbano das áreas comerciais e de serviços, a começar pelo próprio centro urbano".[23]

Políticas amplas, elaboradas em escala nacional, como as ações que consubstanciam os modelos de desenvolvimento

---

22 VILLAÇA, F. *Espaço intraurbano no Brasil*. São Paulo: Nobel/FAPESP, 1998, p.20.
23 Ibidem, p.33.

de um país, ao longo do tempo, têm reflexos diretos e aparentes na estruturação do espaço intraurbano, os quais, por consequência, expressam-se em sua própria história, dependendo de quem se apropria do solo, como se apropria e quando. O agente produtor da cidade transforma a terra rural em terra urbana ou modifica as formas de uso do solo, por exemplo.

Uma especificidade do espaço intraurbano, para Flávio Villaça, é a questão de onde os produtos são produzidos e onde são consumidos. Os dois atributos desse espaço são: 1) uma rede de infraestrutura, definida pelas vias de circulação, pelas redes de água, esgoto, energia etc.; e 2) as possibilidades de deslocamento de pessoas ou de produtos e de transmissão de informações de um lugar para outro, dentro da cidade e de dentro para fora da cidade.

Na estruturação atual da cidade, não pode ser negligenciado o papel das novas tecnologias de informação e de telecomunicação, que não são elementos inertes nessa dinâmica, sobretudo nas grandes metrópoles (ver Capítulo 4). Com a instituição do teletrabalho, surgem três tipos de práticas urbanas assumidas pelos habitantes das cidades: a) a prática "telependular", isto é, o trabalho é realizado "alternando-se o escritório habitual do assalariado e seu domicílio de proximidade"; b) a prática definida pela relocalização de atividades, de empresas e da administração para fora das cidades; e c) os telesserviços (televigilância médica, telemanutenção de equipamentos, teleconferências de ensino, telecultura etc.) são práticas que, assumidas pelas pessoas que residem nas cidades, fazem parte dos elementos estruturadores do espaço urbano porque condicionam a localização de habitações e de empresas.[24] Como não são elementos inertes na estruturação

---

[24] ASCHER, F. *Metápolis*. Paris: Odile Jacobs, 1995, p.64.

interna das cidades, as novas tecnologias devem ser entendidas como elementos responsáveis por seu dinamismo e por sua forma. As mudanças de endereço de habitações e de empresas liberam edificações em áreas mais antigas da cidade, o que exige, dos poderes públicos, a elaboração de políticas públicas de renovação e revitalização como meio de evitar que essas áreas tenham seus preços de mercado depreciados. A solução pode ser transformar esses espaços em locais para o desenvolvimento de atividades banais (comércio de vizinhança, artesanato, prestação de serviços etc.) ou para a construção de habitações, medida essa que poderá descongestionar outras áreas da cidade. Enfim, as tecnologias podem criar novas localizações, uma vez que exigem infraestruturas modernas para a disseminação das informações, e, ao mesmo tempo, liberam espaços até então utilizados na cidade. Espaços que poderão receber formas de ocupação diferentes das anteriores, surgindo, assim, novos usos do solo da cidade.

Já se afirmou que a relação "entre urbanização e cidade encerra uma nova problemática, quando a identidade entre forma e conteúdo está redefinida por uma nova morfologia urbana". Essa se caracteriza "pela expansão do tecido urbano, de forma intensa, mas descontínua", marcada pela desconcentração territorial que, por sua vez, não pode ser compreendida como "negação da aglomeração, mas como condição e expressão de novas lógicas de localização, que engendram novas práticas sociais e se realizam redesenhando essa nova morfologia".[25] Essas novas formas remetem, necessariamente, à localização de novas atividades produtivas, como as indústrias de alta tecnologia, as grandes superfícies comerciais (shopping centers) e os serviços especializados que

---

25 SPOSITO, M. E. B. A urbanização da sociedade: reflexões para um debate sobre as novas formas espaciais. In: DAMIANI, A. L.; SEABRA, O. C. de L.; CARLOS, A. F. A. (Orgs.). *O espaço no fim de século*: a nova raridade. São Paulo: Contexto: 1999, p.83-99.

atendem a empresas com grande capacidade de incorporação tecnológica (ver Capítulo 2).

## Cidade: complexidade e movimento

A cidade, como fenômeno complexo e em movimento, é território de constantes transformações, mesmo que essas não sejam visíveis na observação imediata. A aglomeração no espaço urbano permite a "aceleração do tempo", ou seja, a "aglomeração/proximidade humana proporcionada pelo espaço urbano favorece e acelera a produção/difusão do novo".[26] Isso nos leva a uma conclusão: a cidade possui a capacidade interna de articular, como sujeito ativo e não apenas como território de ocorrência de contradições, diferentes dinâmicas que, aparentemente, só ocorrem em escalas mais amplas, o que tem consequências diretas na cidade e nos fenômenos que nela ocorrrem, tendo como sujeito definido aquele que está mais próximo, que pode ter suas manifestações em escalas geográficas mais amplas.

Outro aspecto que deve ser considerado é que, na atualidade, a análise da cidade torna-se mais complexa porque outras temáticas passaram a fazer parte da agenda de qualquer estudo: as questões ambientais (enchentes, invasões de áreas protegidas por lei, loteamentos clandestinos e canalizações de cursos d'água) e a violência urbana (assassinatos, trânsito, roubos de vizinhanças, sequestros-relâmpago, tráfico de drogas). Essas questões fazem parte do rol de desafios que a cidade, sobretudo a metrópole, tem de enfrentar no mundo contemporâneo.

Associados a essas pautas de debate, focos antes pouco estudados se insinuam: aspectos da modernização (vias de circulação, arquitetura de edifícios, meios de comunicação,

---
**26** HAESBAERT, R. *Territórios alternativos*. São Paulo: Contexto, 2002, p.111.

novas profissões), habitação (déficit de residências, localização de conjuntos habitacionais) e abordagens inovadoras sobre o imaginário popular (símbolos das cidades, acidentes de trabalho, cinema e teatro) e sobre outros agentes na história da cidade (por exemplo, as classes populares como fontes da memória urbana, abordagem histórica e singular importância).

Outro aspecto importante é a diferenciação entre o que é urbano e o que é rural. Para Veiga, há adeptos da:

> crença de que o destino do espaço rural será seu desaparecimento por força de avassaladora urbanização. Para seus adeptos, a oposição urbano-rural já seria, inclusive, uma questão inteiramente superada.[27]

Contudo, os chamados graus de urbanização variam de acordo com as características urbanas de cada país. Se forem considerados apenas os desenvolvidos, há três grupos que podem ser arrolados: 1) grupo fortemente urbanizado, com mais de 80% do território ocupado pelas áreas urbanas e menos de 20% pelas áreas rurais, composto por Holanda, Bélgica, Reino Unido e Alemanha; 2) grupo intermediário, formado por França, Japão, Áustria e Suíça, países que têm mais de 70% do território ocupado por áreas consideradas urbanas; e 3) grupo formado por Estados Unidos, Canadá, Austrália e Nova Zelândia, cujas áreas rurais cobrem mais de 70% do território, que equivale aos países que têm grandes extensões com pouca densidade demográfica.

No Brasil, esse debate se faz não pela residência das pessoas (em área urbana ou em área rural) mas pela definição de suas atividades, ou seja, se seu trabalho está mais vinculado às atividades do campo ou a atividades desenvolvidas na cidade.

---

27 VEIGA, J. E. *Cidades imaginárias*. Campinas: Autores Associados, 2002, p.26-7. Nesse livro, o autor levanta uma questão (a diferenciação entre urbano e rural, que precisa ser bastante discutida), sem, no entanto, aprofundar (ou esclarecer) teoricamente a temática.

Esses dados servem para aquecer o debate acerca das diferenças entre o urbano e o rural, marcado por duas ideias: 1) de um lado, a disputa urbano *versus* rural é tomada como básica na distinção dos dois ambientes; 2) de outro, defende-se a existência de um *continuum* entre urbano e rural, situação na qual as atividades praticadas em um meio interferem no outro, reciprocamente. A solução, enfim, é entender as diferentes dinâmicas que se articulam nos espaços urbanos, sejam eles de cidades pequenas, médias ou metrópoles, desde aquelas bem visíveis e pouco complexas até as mais consistentes no território.

Como estamos tratando de contradições, é preciso ressaltar que a cidade, de forma geral, quando considerados seus aspectos locacionais intraurbanos, apresenta um centro e áreas não centrais. Quando se trata de uma cidade complexa, como uma metrópole, outros centros podem ser identificados pela presença de atividades densamente localizadas em uma ou em outra área. Isso significa que podemos falar de diferentes centralidades na cidade ou, ainda, de cidades polinucleadas.

A localização das atividades (industriais, comerciais ou de serviços) e das formas de consumo do espaço urbano (forma residencial, por exemplo) aponta, na cidade capitalista, para processos de segregação. Esses processos podem decorrer das próprias diferenças entre as localizações ou da capacidade diferenciada de consumo do espaço, identificada pelo poder de compra dos moradores – em outras palavras, pela distribuição da riqueza entre os habitantes da cidade. Na paisagem urbana, é possível distinguir facilmente os bairros onde se encontram as camadas mais pobres da população daqueles habitados pelas camadas mais ricas.

As diferenças de localização e os processos de segregação são aspectos inerentes ao arranjo territorial da cidade capitalista.

Como a cidade é estruturada por processos contraditórios, não se deve encará-la como uma totalidade fechada. Ao contrário, ela deve ser compreendida como uma totalidade em constantes transformações. E as modificações que ocorrem em locais específicos podem acarretar mudanças qualitativas em outras áreas. Por exemplo, a implantação de uma via de circulação rápida muda os fluxos de veículos; a construção de um conjunto residencial altera, qualitativamente, a localização da moradia dos habitantes, o fluxo de deslocamentos que esses habitantes estabelecem pelas vias de circulação da cidade e, mais ainda, os fluxos de mercadoria, energia e informação. Com isso, as singularidades da cidade implicam mudanças na apreensão de sua totalidade, intermediadas pelos processos de trabalho, que envolvem pessoas e instituições.

A estruturação interna da cidade, dinâmica e dotada de movimento próprio, pode ser consequência, finalmente, tanto da implantação de equipamentos coletivos (conjuntos habitacionais, hospitais, escolas, supermercados ou centros comerciais etc.) quanto de aspectos que só podem ser explicados socialmente, como a segregação espacial decorrente da localização de distintas camadas de populações identificadas pelas diferenças de poder aquisitivo, por exemplo.

Para se compreender melhor essa afirmação, é interessante lembrar das transformações em Puerto Madero, Buenos Aires. Essa área, alvo de uma política pública baseada na privatização de propriedades públicas, teve seus grandes armazéns transformados em edifícios que abrigam, no térreo, restaurantes e cafeterias (com serviços sofisticados para as classes média e alta, portanto, com médio e alto níveis de poder aquisitivo) e, nos andares superiores, escritórios e apartamentos residenciais, estando sempre garantida a rentabilidade dos investimentos realizados. Essa mescla entre as "funções" habitacionais e de serviços, preservando a arquitetura e modificando o uso do solo e das edificações, revitalizou uma área construída nos tempos do fordismo,[28] próxima ao centro tradicional, e modificou a centralidade de Buenos Aires, ao provocar o surgimento de uma opção de serviços e de residências além do centro da cidade.

Essas explicações demonstram que a cidade é produzida, historicamente (por isso apresenta suas especificidades), por diferentes atores que agem de modo contraditório, pois têm objetivos e poder de atuação diferenciados, em termos de localização e de temporalidade.

## As "ligações" entre as cidades

Precisamos, para compreender as "ligações" entre as cidades, acrescentar alguns dados à nossa reflexão. Abordaremos as transformações tecnológicas que aconteceram a partir do século XV, intensificando-se progressivamente, e as quais tiveram papel decisivo na constituição de uma infraestrutura mundial diferenciada tanto por sua *incidência* quanto pelo papel que representa nos *fluxos* de mercadorias, de pessoas e de informações.

De início, ampliando o foco dessa observação, podemos dizer que a mundialização do capital se faz, primordialmente, baseada nas *revoluções logísticas*, uma vez que estas são decorrentes de: 1) incorporação das tecnologias aos transportes para aumentar a velocidade dos fluxos de capitais e da circulação de informações, sobretudo aquelas ligadas às novas ideias que permitem maior rapidez e flexibilidade na circulação de mercadorias que podem gerar lucros para os proprietários das empresas; e 2) criação de necessidades associadas ao consumo de bens não elaborados no circuito produtivo, como a

---

28 Fordismo é um sistema produtivo baseado em grandes estabelecimentos, com distribuição de renda por meio dos salários para assalariados e padronização dos produtos, em termos de quantidade e qualidade.

utilização da paisagem para o turismo, do misticismo para a paz individual.

As revoluções logísticas ocorreram, de maneira bem resumida, com o concurso associado de Estado e empresas, cada um desses agentes respondendo de maneira própria às decisões dos atores situados nos lugares privilegiados da pirâmide social – local conquistado pela apropriação secular do excedente do trabalho social.

Por esse motivo, precisamos compreender as diferentes revoluções logísticas e associá-las aos ciclos de expansão e de acumulação econômicas. Vamos enumerá-las cronologicamente do presente para o passado.

Atualmente, produz-se uma revolução logística que podemos denominar, acrescentando algumas reflexões a um estudo generalizante que Ake Anderson realizou para a União Europeia,[29] de "quarta revolução logística". Ela está baseada em uma nova rede de transportes aéreos; na consolidação das redes de transportes por caminhão, como meio terrestre direto e rápido; em uma nova hierarquia urbana, com a decadência das cidades de industrialização fordista e o desenvolvimento dos centros "C" (que teriam, associados à atmosfera produtiva, as características de *competência, criatividade, competitividade e cultura*); e na constituição de redes de informação (a internet), cujo papel na interconexão de pessoas, universidades e empresas é fundamental para o aumento da velocidade na circulação da informação e democratização do acesso a esta (ver Capítulo 2).

A esses fatores, devemos associar as atuais estruturas políticas voltadas para a eliminação das fronteiras e a formação de blocos econômicos; a importância crescente das profis-

---

29 ANDERSON, A. Les quatre révolutions logistiques. UTH 2001 (*Urbanisme et technologies de l'habitat*). Paris: Ministère de l'Équipement du Logement, des Transports et de la Mer, n.15, maio de 1990, p.1-14.

sões com forte potencial intelectual; a procura por melhor qualidade de vida em cidades não metropolitanas e o rápido desenvolvimento das capacidades dos computadores e de programas cada vez mais eficazes.

Essas transformações iniciaram-se no Japão, nos Estados Unidos, na Alemanha Oriental e na Suécia (com manifestações na Suíça, na França e no norte da Itália) no final do século XX. Elas corresponderiam à terceira Revolução Industrial. Todos esses fatores associados (infraestrutura, tecnologia, políticas nacionais e internacionais, diminuição dos custos de produção) formariam o que estamos chamando de logística, que agrega os meios de circulação de pessoas, mercadorias (infraestrutura de transportes na cidade e entre as cidades) e de informações (infovias e redes de internet ou intranet).

A terceira revolução logística teve como território de gestação a Inglaterra e iniciou-se no século XVIII, devendo acabar nos países em desenvolvimento, provavelmente, no século XXI. Ela corresponderia à primeira e à segunda Revoluções Industriais, baseadas, respectivamente, no tear mecânico (no domínio do vapor e das tecnologias ligadas ao carvão e ao ferro) e no motor a explosão (com o aparecimento do petróleo como principal combustível).

Essa terceira revolução logística baseia-se: 1) na articulação de uma rede que se internacionaliza verticalmente, movida pelo comércio a grandes distâncias; 2) no desenvolvimento de cidades industriais próximas às fontes de matérias-primas e às encruzilhadas das redes de transportes e de comunicações, associadas ao desenvolvimento de uma nova rede internacional de centros industriais com orientação preferencial no Atlântico Norte; 3) no desenvolvimento da indústria têxtil; e 4) na indústria separada espacialmente, mas integrada no plano da organização.

Do ponto de vista das forças produtivas, observam-se: 1) a divisão do trabalho entre regiões, em um sistema já mundializado, o que libera enorme capacidade produtiva; 2) a produção de novas tecnologias inventadas e difundidas para os diferentes pontos de articulação dessa rede integrada verticalmente; 3) o desenvolvimento criativo da ciência, das técnicas e das artes na América do Norte, além da Europa; e 4) a expansão das riquezas nas mãos de novos industriais; a emergência e o crescimento rápido de duas novas classes, os operários e os capitalistas. Politicamente, surgem acordos institucionais no plano do mercado de trabalho e a proteção da propriedade.

Iniciando-se na Itália no século XVI e terminando na Europa do Norte no século XIX, tivemos a segunda revolução logística. Ela baseou-se, fundamentalmente: 1) na emergência de novas cidades metropolitanas; 2) na melhoria dos sistemas de transportes, com a incorporação de técnicas de navegação e de construção naval inovadoras para a época e com o aperfeiçoamento da segurança dos transportes e da qualidade das estradas; e 3) e em uma expansão lenta da infraestrutura logística, o que permitiu a abertura de novos continentes aos esquemas de comércio.

Economicamente, abriu-se o crédito comercial e as moedas tornaram-se confiáveis; surgiu o interesse pelas atividades bancárias por parte dos monarcas, da Igreja e dos especuladores; cresceu o comércio polivalente de longa distância; houve a especialização crescente da produção na Europa e o aparecimento de um sistema industrial sustentado pelo Estado; observou-se o aumento na concentração da riqueza, com a predominância total da nova classe dirigente do Estado absoluto; deu-se a expansão criativa das ideias no nível das ciências e das artes em novos centros (Amsterdã, Paris, Londres), que se tornaram nós no centro geográfico da Europa, desfrutando de importante situação na rede urbana até o momento, com o estatuto de cidades globais, como é o caso de Paris e Londres.

Finalmente, para completar nossa "viagem no tempo", cabe lembrar que o sistema capitalista se consolida com a primeira revolução logística, que surge na Itália no século XI e acaba na Europa do Norte no século XVI. Ela caracteriza-se pelo desenvolvimento espetacular do comércio a distância, pela emergência de novas cidades mercantis e pelo desenvolvimento do acesso às cidades com até cem mil habitantes, com o concomitante aumento da riqueza dos mercadores nas cidades-chave dessa rede e com a emergência de um sistema de redes que vai se concretizar na Liga Hanseática.[30]

Essas transformações são possíveis graças à destruição da sociedade feudal e ao estabelecimento de um novo Estado mercantil em Veneza, como consequência da redução dos custos dos transportes e com a emergência de nova classe de comerciantes nas encruzilhadas potenciais da Europa (Toscana, Gênova, Bruxelas, embocaduras dos rios da Europa do Norte e do Oeste).

Surge, também, outra classe com aspirações políticas, que é a burguesia.

No caso brasileiro, deve-se lembrar que há, ainda, nas áreas do chamado Oeste, a fundação e a incorporação de cidades ligadas aos garimpos (mineração) e às grandes extensões de produção agrícola. Elas já nascem com possibilidades de serem incorporadas às redes de cidades, pois as tecnologias de comunicação estão no mercado e podem ser implantadas nas áreas mais novas.

Ademais, as tecnologias também se fazem presentes por outros atalhos, como os defensivos agrícolas e os fertilizantes, as máquinas agrícolas e os telefones celulares. É o lugar

---

30 A palavra hanseática deriva do alemão *An Hanse*, que significa *associação*. Foi uma aliança de cidades mercantis que estabeleceu e manteve o monopólio comercial sobre quase todo o norte da Europa e litoral do mar Báltico, em fins da Idade Média e começo da Idade Moderna (entre os séculos XIII e XVII). *Fonte*: Wikipédia.

integrando-se, pouco a pouco, às redes globais de comunicação, mesmo que culturalmente esteja atrasado, considerando-se, por exemplo, a cultura informática e os níveis mínimos de alfabetização.

Com a fundação de cidades no interior do Brasil, onde atualmente acontece a transformação da terra rural em terra urbana, há uma convivência entre as práticas conhecidas na produção da cidade e as novas tecnologias, tanto industriais quanto de comunicação. Essa imbricação de práticas dá, às cidades recentes, características mais modernas em relação ao que se pode observar em pequenas cidades com forte herança histórica, como são as cidades do Vale do Paraíba paulista.

## Cidade global como antagonismo e complementaridade

Para Saskia Sassen, três fatos importantes ocorridos nos últimos vinte anos servem para explicar a cidade atual, que ela considera o local das operações concretas da economia.

O primeiro deles é a "dispersão territorial das atividades econômicas, das quais a globalização é uma das formas" que, por sua vez, contribuiu "para o crescimento das funções e operações centralizadas". Outro é o "gerenciamento e controle centralizado sobre um conjunto geograficamente disperso de operações econômicas" que "não ocorrem inevitavelmente como parte de um sistema mundial". Finalmente, "a globalização econômica contribuiu para uma nova geografia da centralidade e da marginalidade".[31]

Esses fatos consolidam a cidade, sobretudo a metrópole ou a cidade global, como o lugar do antagonismo e da complementaridade, como o lugar de concentração e de eferves-

---

**31** SASSEN, S. *As cidades na economia mundial*. São Paulo: Nobel, 1996, p.153-4.

cência da cultura. Enfim, a cidade grande concentra a diversidade e, ao mesmo tempo, possibilita o exercício da individualidade em suas dimensões da lembrança e do esquecimento, da presença e da ausência (aparentes).

Para Ana Fani Carlos,

> as relações entre o habitante e a cidade passam, cada vez mais, por novas determinações, posto que o movimento incessante de transformação por que passa a sociedade atual reproduz um espaço e um tempo com a mesma velocidade.[32]

Além disso, produzem-se:

> contraditoriamente, dois fenômenos [quando se trata da metrópole, para a autora]: de um lado, o estranhamento – como produto da perda dos referenciais da vida e a criação de novos padrões universais – e, de outro, o reconhecimento – como produto da constituição de identidades espaciais que se gestam no plano do vivido.[33]

François Ascher[34] propõe o conceito de *metápole*, argumentando da seguinte maneira: o espaço da metrópole, se "não tem efeitos autônomos, não é inerte e participa da conformação das práticas sociais", o que possibilita falar em "metapolização dos modos de vida", caracterizada pela complexificação (diversidade e interdependência de pessoas e objetos, dadas pelo "aprofundamento da divisão do trabalho, da diferenciação dos espaços, da variedade de estratificações sociais, da multiplicidade de culturas etc.") e pela individuação (que se refere à "capacidade de diferenciação dos indivíduos", tanto em relação àqueles considerados diferentes na cidade quanto

---
32 CARLOS, A. F. A. *O lugar no/do mundo*. São Paulo: Hucitec, 1996, p.66.
33 Ibidem, p.66.
34 ASCHER, F. *Metápolis*. Paris: Odile Jacob, 1995, p.119-20.

em relação aos indivíduos pertencentes ao mesmo grupo de vivência). Essas características, cada vez mais visíveis e concretas nas metrópoles e, por extensão, nas cidades globais, demonstram que os graus de liberdade dos indivíduos são potencialmente importantes.

As grandes aglomerações ocorrem nas metrópoles como sinal de conjugação de esforços e objetivos comuns, apresentando-se, no mesmo local, pessoas totalmente desconhecidas entre si, mas que, em conjunto, podem formar grupos de pressão pelas mais diferentes causas. As comemorações das conquistas de campeonatos de futebol, as concentrações de trabalhadores reivindicando melhorias de salário ou de condições de trabalho, as paradas de grupos alternativos "convivem" com os sequestros-relâmpago, com o tráfico de drogas e com os eventos que se repetem semanalmente, como os bailes nas periferias e as exposições de arte ou de moda, que exigem altos investimentos.

Os meios de comunicação (resumidos na palavra mídia), principalmente a televisão, têm atividades que colocam em contato pessoas do mundo inteiro, desde aquelas com algum interesse comum (diversão pela arte, como a música) até aquelas com práticas diversas (notícias políticas ou econômicas, por exemplo). Para François Ascher:

> ao mesmo tempo que os objetos se multiplicam, a industrialização e a estandardização parecem ganhar numerosos domínios e uniformizar as cidades e a vida cotidiana progressiva e irremediavelmente.[35]

Esse fenômeno pode gerar grupos cada vez mais integrados a uma economia e a uma cultura globalizadas e, contrariamente, grupos marginalizados, formados por desempregados,

---

**35** Ibidem, p.123.

famílias sem moradia, moradores em lugares desprestigiados no campo, jovens com práticas sociais próprias etc.

Se fizermos uma abordagem da forma urbana como antagonismo e complementaridade, podemos destacar o fato de que, no Brasil, a constatação do aumento da violência urbana é uma das principais justificativas para a construção de condomínios fechados, sejam horizontais ou verticais. Essas formas são geridas por milícias particulares e têm regras próprias, abandonando o estatuto de espaço público em suas ruas de circulação interna, interditadas para quem ali não reside, embora esses espaços abriguem os serviços públicos executados pela municipalidade.

Se, formalmente, há o enclausuramento de certos espaços na metrópole, que se tornam territórios específicos das camadas com rendas mais altas, em contraposição há também o enclausuramento de grandes parcelas da população que não têm acesso a todos os equipamentos e serviços públicos característicos da cidade.

A carência de moradia, associada à ausência do poder público em certas áreas, também provoca o surgimento de hábitos de gestão diferenciados nos bairros mais distantes em relação às áreas mais centrais da cidade, do mesmo modo que acontece com os condomínios fechados.

Em São Paulo, por exemplo, a área central tradicional não é o mais importante centro da cidade, que foi se "desdobrando" para a avenida Paulista, depois para a avenida Faria Lima e finalmente chegou ao chamado Quadrante Sudoeste, cujo símbolo principal é a avenida Engenheiro Luis Carlos Berrini. As mudanças nas centralidades são um fenômeno tipicamente metropolitano. O surgimento de áreas de moradia e de negócios fechadas também pode ser considerado um fato que caracteriza a metrópole. E elas servem, contraditoriamente, de modelo para a criação de áreas demarcadas e cercadas dentro de localidades menos favorecidas, como a favela de Heliópolis, com o objetivo de diferenciar seus moradores dos outros habitantes do lugar.

Essas formas reconhecidas nas metrópoles são modelos, também, para a produção de "espacialidades" diferenciadas nas cidades intermediárias, principalmente aquelas localizadas no Centro-Sul do Brasil. Essas "espacialidades" são representadas por formas disseminadas há tempos no país, como os condomínios fechados, ou por formas que, atualmente, vão se tornando conhecidas, como é o caso das *edge cities*, grandes conjuntos que congregam as funções residenciais, comerciais e de serviços, ou, em uma escala definida mais pelo imóvel, dos *lofts*[36] para residências e dos *apart hotéis*[37] para o movimento de pessoas que vão à metrópole para negócios, turismo e lazer.

A localização e a mobilidade das pessoas são intermediadas pelos meios de comunicação, de forma quase passiva, quando se trata de consumir os programas da mídia, com dezenas e dezenas de canais de televisão à disposição (desde que se pague pelo seu consumo), ou de forma mais ativa, pela capacidade que, atualmente, 18% da população brasileira têm de se conectar com o mundo que não pára, além das paredes das moradias.

Pensar a cidade é pensar, enfim, em formas e dinâmicas extremamente variadas, se o objetivo é compreender a urbanização e as novas tecnologias de comunicação – que individualizam o uso da informação e vulgarizam o conhecimento, de um lado, e propiciam a seletividade do conhecimento científico, de outro.

---

36 O *loft* corresponde, na acepção inicial da palavra, ao apartamento localizado em edifícios que serviam antes para fins industriais ou comerciais, podendo se referir até a um andar inteiro do edifício. No *Dicionário Houaiss*, a definição é: "piso alto de uma construção (p. ex., um sótão) adaptado ou convertido para diversos usos, geralmente área para moradia e/ou estúdio" (p.1778).

37 Significa, para o *Dicionário Houaiss*, "prédio de apartamentos com serviços de hotelaria, tais como refeitório, lavanderia etc." (p.248).

Espaços abertos, espaços fechados, grupos de pessoas, multidões em certos acontecimentos, indivíduos isolados, uso do território por grupos distintos em diferentes horários do dia, tudo isso, combinado com um incomensurável fluxo de energia pelos fios de cobre instalados por toda a malha urbana, forma a sinergia impensável que justifica a urbanização no mundo atual, representada pelos diferentes tamanhos e formas de cidades, o hábitat principal no século XXI e, ao que tudo indica, o hábitat principal como tendência histórica da sociedade.

Para continuar essa exposição, vamos trabalhar com o conceito de rede por meio do histórico e da definição do que é a internet.

# 2 Redes

## O que é rede?

Para explicar o que é rede, há várias possibilidades. Uma delas é iniciar por sua descrição, depois buscar alguns fatos importantes em sua história, sobretudo no que concerne aos avanços da informática, para, finalmente, falar de forma mais detalhada da rede urbana brasileira. É este o caminho que vamos seguir.

Assim, começaremos por expor o conceito de rede verificando o que alguns autores dizem a respeito desse tema e, em seguida, estabeleceremos nosso raciocínio partindo das afirmações deles.

Michel Delapierre, por exemplo, afirma que

> a estrutura em redes se generaliza, assegurando circulação e difusão da informação, permitindo a coordenação das atividades e a transmissão rápida das instruções e dos resultados.[1]

---

1 DELAPIERRE, M. De l'internationalisation à la globalisation. In: SAVY, M.; VELTZ, P. *Économie globale et réinvention du local*. Paris: Éditions de l'Aube, 1995, p.15-26.

Está sugerida, claramente, que as redes têm ampla abrangência, em escala mundial.

Deve-se ter em mente que as redes não se formam por acaso. Elas são resultado do trabalho de numerosos atores que, em diferentes lugares e momentos, e com capacidades distintas de ação, exerceram e exercem seu papel como sujeitos da história.

Para Pierre Veltz, por exemplo, "o estudo da organização espacial dos fluxos ... conforma o estudo mais geral das transformações do território".[2] Esse autor antecipa, com essa afirmação, a influência que uma rede de comunicações exerce sobre as novas configurações de um território que, anteriormente, não conhecia a instalação de cabos ópticos ou de torres de retransmissão e de recepção de impulsos de satélites. Como esses objetos são construídos, em geral, nas áreas urbanas e em suas proximidades, seus usos são feitos pela população que vive no espaço urbano ou se desloca entre ele e outras cidades.

São muitas as implicações diretas da organização das redes responsáveis pelos fluxos de informação nas cidades.

Na tentativa de compreender o que é rede, foram considerados: estrutura, escala, atores, território e fluxos. Esses elementos, na conformação das redes, combinam-se de maneira complexa, e sua visualização se torna impossível do ponto de vista quantitativo. É apenas qualitativamente que se pode compreender as possibilidades de articulação desses elementos entre si.

A mundialização do capital e, por consequência, das atividades econômicas se dá com o encadeamento entre o que ocorre em escala global e o que ocorre nos lugares, porque "surgiram novas formas de centralização territorial, relativas

---

2 VELTZ, P. Firmes globales et territoires: des rapports ambivalents. In: SAVY, M.; VELTZ, P. *Économie globale et réinvention du local*. Paris: Éditions de l'Aube, 1995, p.27.

ao gerenciamento no nível dos altos escalões e ao controle das operações",[3] o que requer a existência de "lugares centrais", onde as tarefas que garantem o funcionamento da globalização são realizadas. Esses lugares centrais são os "nós estratégicos", e neles há "uma hiperconcentração de determinados meios", é o que afirma Saskia Sassen. Esses nós estratégicos são, por sua posição e dinâmica nas redes urbanas, as cidades globais.

Segundo a mesma autora, o processo de hiperconcentração de determinados meios, que se tornou visível nos últimos vinte anos, tem antecedentes históricos e se refere ao processo de globalização. Em cada período que se considere,

> a economia mundial consistiu em uma combinação distinta de áreas geográficas, indústrias e arranjos institucionais [na qual a principal mudança foi] o aumento da mobilidade do capital, em nível nacional e, sobretudo, transnacional [que, por sua vez] acarreta mudanças na organização geográfica da produção das manufaturas e na rede dos mercados financeiros.[4]

Enfim, é preciso compreender a rede levando-se em consideração os diferentes elementos que a constituem e as características dinâmicas desses elementos, que estão ligados às atividades que as pessoas realizam para se comunicar, por exemplo.

Leila Dias afirma que

> toda a história das redes técnicas é a história de inovações que, umas após as outras, surgiram em respostas a uma demanda social antes localizada do que uniformemente distribuída.[5]

Por sua vez, o já citado Pierre Veltz sustenta que "as estratégias e as organizações 'globais' são aquelas marcadas por

---
3 SASSEN, S. *As cidades na economia mundial*. São Paulo: Nobel, 1996, p.13.
4 Ibidem.
5 DIAS, L. C. *Réseaux d'information et réseau urbain au Brésil*. Paris: L'Harmattan, 1995, p.141.

uma forte *intensidade de coordenação*".[6] Isso permite a elas a escolha da cidade onde se localizar e a interferência nas decisões políticas e econômicas capazes de influenciar na estruturação da cidade (ver o item *A estruturação interna das cidades*, no Capítulo 1).

## História da internet

A principal concretização da rede é a internet. Portanto, para melhor refletir sobre o que é rede, buscaremos no tempo algumas informações necessárias para compreender sua história, baseados, principalmente, no livro de Manuel Castells, intitulado *La galaxia internet*.[7]

Castells informa que, em 1969, foi organizada a Advanced Research Projects Agency (ARPA), cuja tarefa era criar uma rede de computadores capaz de estabelecer comunicação entre centros geograficamente afastados e com equipamentos diferenciados. Surge então a Arpanet, rede de comunicação que, em sua origem, teve como um dos objetivos fazer frente aos avanços espaciais da antiga União Soviética, que havia lançado, em 1957, o Sputnik, satélite considerado o primeiro ícone da corrida espacial que se desenrolaria como uma das facetas da Guerra Fria, disputa geopolítica entre os Estados Unidos, de um lado (que foram um dos vencedores da Segunda Guerra Mundial e queriam expandir sua forma de organizar o modo capitalista de produção para os países derrotados, sobretudo o Japão), e a União das Repúblicas Socialistas Soviéticas (URSS), de outro, que já havia estabelecido estratégias para expandir o comunismo para países do Ocidente.

---

6 VELTZ, P. Firmes globales et territoires: des rapports ambivalents. In: SAVY, M.; VELTZ, P. *Économie globale et réinvention du local*, p.33.
7 CASTELLS, M. *La galaxia internet*: reflexiones sobre internet, empresa y sociedad. Madrid: Areté, 2001, p.24-31.

O projeto da Arpanet tinha apoio do Massachussets Institute of Technology (MIT), cujo objetivo era estimular a pesquisa no campo da informática interativa, como forma moderna de facilitar as comunicações entre cientistas e ampliar as possibilidades de dominar um novo tipo de organização. É preciso que fique claro, no entanto, que aqueles que se debruçaram sobre a organização das ideias e do sistema de redes não tinham uma meta claramente definida, como se pôde ver, posteriormente, com o desenho que se conhece da internet. Eles realizavam suas atividades de acordo com os resultados que iam sendo obtidos e, depois de compreender o que tinham feito, davam os passos seguintes, sempre visando a organizar um sistema de comunicação mais rápido e mais eficaz que o sistema postal, por exemplo.

Embora tenha sido iniciada como um projeto estatal nos Estados Unidos, com investimentos do governo para seu desenvolvimento, logo a internet passou para as mãos de empresas privadas. Essa ação foi consequência da doutrina liberal que predomina no capitalismo estadunidense.

Importante resultado dessa privatização foi que usuários da IBM (empresa produtora de equipamentos de informática) que trabalhavam nas universidades utilizaram, em 1981, uma rede chamada Bitnet. Aqui, uma dedução pode ser feita: consolidou-se a inter-relação entre as universidades, que têm, como um de seus objetivos, a produção do conhecimento, e as grandes empresas, que se apropriam do conhecimento ao organizar sistemas operacionais, comercializando-os para diferentes tipos de consumidores e, assim, aumentando seu capital.

Em 1974, os Laboratórios Bell entregaram às universidades o sistema Unix. Esse foi um passo para a divulgação da produção universitária de conhecimento na estrutura das redes de informação, por meio do relacionamento entre o Estado e as empresas particulares (muitas universidades, inclusive), o que facilitou o contato entre pessoas e empresas nos países com maiores índices de Produto Interno Bruto (Estados Unidos, alguns países da Europa e Japão) e nos países periféricos.

Em 1990 (portanto, em um passado muito recente), foi organizada a *World Wide Web* – ou simplesmente *web* – sistema que permitiu a disseminação da internet por todo o mundo partindo do laboratório do Conseil Européende Recherche Nucléaire (Cerb), atual Laboratório Europeu de Física das Partículas, centro de investigação de física de alta energia, localizado em Genebra, Suíça.

Essa informação nos permite concluir que, na última década do século XX, a internet já estava privatizada e configurada por uma arquitetura que permitia a conexão, na forma de rede mais ampla, de todas as outras redes informáticas, cujos nós de articulação se localizavam em todos os pontos do planeta.

Estava consolidada, em sua forma atual, a *Interconnected network*, que significa rede interligada, conhecida por todos como internet, termo já incorporado à língua portuguesa e definido, pelo *Dicionário Houaiss*, como

> rede de computadores dispersos por todo o planeta que trocam dados e mensagens utilizando um protocolo comum, unindo usuários particulares, entidades de pesquisa, órgãos culturais, institutos militares, bibliotecas e empresas de toda envergadura.[8]

Voltando a analisar as ideias de Manuel Castells, destacamos que ele resumiu a história da internet ao afirmar que "todos os avanços tecnológicos-chave que resultaram na criação da internet são fruto do trabalho de instituições governamentais, grandes universidades e centros de investigação",

---

8 HOUAISS, Antonio. *Dicionário Houaiss da Língua Portuguesa*. Rio de Janeiro: Objetiva, 2004, p.1636. O uso do dicionário é importante porque ele já incorporou muitos termos recentes originados de outras línguas.

associando, claramente, a grande ciência, a investigação militar e a cultura da liberdade.

No entanto, nem todos os países adotaram, imediatamente, o sistema da internet. Na França, por exemplo, já estava implantado e funcionava o sistema *minitel*, disseminado para todas as pessoas de classe média e empresas, tanto estatais como particulares. Tratava-se de uma rede informática controlada pelo governo francês, e o equipamento necessário para sua utilização consistia em uma pequena tela de televisão com uma unidade de computação ligada a outros terminais que continham numerosas informações. Ao acessá-la, as pessoas podiam, por exemplo, comprar passagens de trem ou de avião, consultar museus ou transmitir informações entre os diferentes terminais. A interligação entre os terminais era feita por linhas telefônicas até então controladas, também, pelo governo francês. Note-se que esse era um sistema semelhante à internet, mas que se configurava apenas ao território francês, sem possibilidades de comunicação com qualquer país limítrofe. Como o sistema estava organizado e funcionando, constituindo um produto cultural dominado pelos franceses, ele foi elemento de resistência à entrada da França nas redes internacionais, ainda que, contraditoriamente, tenha sido importante para a rápida disseminação da internet, posteriormente.

A rede foi adaptada ao novo uso, de modo que os investimentos anteriores servissem para a acomodação de uma infraestrutura existente, que passou a ser a base para a internet em todo o território francês, conectado, a partir daí, com o mundo.

Vamos continuar raciocinando sobre o que Manuel Castells escreveu. Para ele "a rede é a mensagem" porque, pela internet, é possível "distribuir o poder da informação por todos os âmbitos da atividade humana", já que ela "constitui, atualmente, a base tecnológica da forma organizativa que caracteriza a era da informação: a rede", que significa, por sua vez, "um conjunto de nós interconectados".[9]

Atualmente, ainda de acordo com as ideias desse autor, a rede permite a distribuição de informações para todos os setores econômicos e sociais, ou seja, é possível falar da constituição de redes em todos os setores econômicos e sociais. Enfim, trata-se de:

> uma tecnologia particularmente maleável, suscetível de sofrer profundas modificações devidas ao seu uso social [*e-business, e-learning*, por exemplo] ... [porque a] internet é uma rede de comunicação global, mas os usos da internet, sua realidade em contínua evolução é produto da ação humana, sob as condições específicas de uma história diferencial.[10]

Para produzir uma visão de conjunto do que é a internet, desde que considerada uma rede ou um sistema de redes, vamos ressaltar algumas características que permitem compreendê-la como importante componente da infraestrutura de comunicações: 1) é flexível e adaptável; 2) permite a coordenação de tarefas e a gestão da complexidade; 3) permite uma forma organizativa superior da atividade humana; e 4) cresceu por seu caráter aberto, sua principal força.

Para confirmar as características de constituição histórica da internet, é bom lembrar que a "história da tecnologia demonstra, claramente, que a contribuição dos usuários é crucial na produção, já que a adaptam a seus próprios usos e valores",[11] transformando a própria tecnologia. Para isso, três condições foram cumpridas: 1) "a arquitetura em rede deve ser de caráter aberto, descentralizado, distribuído e multidirecional em sua interatividade"; 2) "todos os protocolos de

---

9 CASTELLS, M. *La galaxia internet*: reflexiones sobre internet, empresa y sociedad, p.15.
10 Ibidem, p.19.
11 Ibidem, p.43.

comunicações e seus desenvolvimentos devem ser abertos, distribuir-se livremente e ser suscetíveis de modificação"; e 3) "as instituições que gerem a rede devem construir-se de acordo com os princípios de transparência e cooperação que são inerentes à internet".[12]

Para complementar a compreensão das características da internet, podemos lembrar que há três princípios sobre os quais repousa sua arquitetura: 1) estrutura reticular; 2) poder de computação distribuído entre os diversos nós; e 3) redundância de funções em rede para minimizar os riscos de desconexão.

As transformações que ocorreram por causa das mudanças estruturais e culturais, principalmente na sociedade ocidental, no final do século XX, nos permitem afirmar que ficaram nítidos três processos independentes, passíveis de ser identificados em uma nova estrutura, socialmente construída, que se baseia nas redes de informação: 1) as necessidades da economia flexível na gestão do capital no estágio da globalização; 2) as demandas, da sociedade, por valores da liberdade individual de utilizar os meios de comunicação; e 3) os extraordinários avanços que experimentaram a informática e as telecomunicações, culminando na complexa arquitetura da internet.

Tudo isso permitiu à sociedade se organizar em forma de rede e buscar o que se pode chamar de uma "nova economia". Quando se buscam alguns dados estatísticos, a dimensão da internet é bastante evidente. Se em 1995 havia 16 milhões de usuários da *World Wide Web*, em 2001 eram mais de 400 milhões de pessoas acessando a rede. Indo mais além, falando-se de previsão para um tempo muito próximo no futuro, espera-se que aproximadamente um bilhão de pessoas

---

12 As três condições estão mais detalhadas em CASTELLS, M. *La galaxia internet*: reflexiones sobre internet, empresa y sociedad. Madrid: Areté, 2001, p.43.

e empresas estejam conectadas nas redes, o que equivale a prever, sendo mais realista que otimista, que em 2010 o número de usuários poderá ser o dobro do número de 2005.

Trabalhando com a perspectiva cultural, é preciso levar em conta que a influência real da internet, que pode ser constatada no cotidiano das pessoas, transcende o número daqueles que dela se utilizam. Além dos usuários diretos, há um contingente que se relaciona, de alguma forma, com pessoas diariamente conectadas e com as informações por elas geradas ou por elas disseminadas em outros ambientes culturais. A formação das redes estabelece um novo paradigma para a compreensão do conceito de espaço. Se, para alguns, o espaço se assemelha ao desenho dos territórios, com a consolidação da internet, a formação reticular (em rede) se tornou a base da superposição (em um plano) mais a justaposição (em um plano superior) das estruturas tanto nas empresas quanto entre as empresas e os usuários individualizados. Isso é real quando nos referimos à dinâmica interna das empresas e às inúmeras possibilidades que elas passam a ter ao utilizar as redes para suas atividades de produção ou de disseminação do conhecimento, principalmente para estabelecimentos situados em áreas distantes das matrizes.

Para confirmar as mudanças no comportamento das empresas, Pierre Veltz vai além do que já mencionamos ao afirmar que

> a noção de "economia de escala", tal como é utilizada de maneira geral, é cada vez menos pertinente [pois as] economias relevam, doravante, mais os *efeitos de rede* do que os efeitos de concentração.[13]

No entanto, a internet tem provocado também efeitos negativos, se tomarmos como base alguns valores éticos. O uso

---
**13** Ibidem, p.30.

da rede de computadores para a disseminação de sítios pornográficos ou que defendem a anorexia e para a divulgação de ideologias que sustentam o terrorismo e as práticas de sequestro, por exemplo, pode provocar sérios danos sociais, além de causar efeitos alienantes, já considerados doenças, porque não só condicionam o comportamento das pessoas, como estimulam atividades que restringem o inter-relacionamento social (ver o tópico Cultura da internet neste capítulo).

Embora estejam diretamente ligadas – porque não há rede que se consolide sem a territorialização de seus equipamentos e de seus usuários –, a lógica das redes é diferente das lógicas territoriais, uma vez que o território se reconfigura com a reestruturação das cidades e das redes. As redes compreendem os fluxos de pessoas, mercadorias e informações. Os fluxos, muitas vezes, são identificados de maneira abstrata, mas estão livres dos controles do território.

Aqui cabe um parêntese para verificar como se deu, historicamente, a constituição da rede de cidades no Brasil. Em seguida, voltaremos à internet, sobretudo a seus aspectos culturais.

## A formação das redes de cidades no Brasil

Leila Dias e Roberto Lobato Corrêa são dois dos geógrafos que mais se debruçaram sobre o estudo das redes de cidades no Brasil. Com fortes componentes empíricos, seus estudos são a base para nossa explicação sobre a formação das redes de cidades no Brasil.

Inicialmente, no entanto, precisamos deixar claro que a divisão territorial do trabalho é fundamental para a compreensão da rede urbana. Essa divisão implica a consideração de como a sociedade se apropria da natureza e a transforma – dinâmica que se realiza com a constituição de formas espaciais das cidades e de suas articulações, cujos fluxos são de difícil mensuração e, muitas vezes, até impensáveis por causa da sinergia estabelecida entre os atores sociais, os volumes de informações transmitidas e os valores do trabalho e das mercadorias, além das formas como as pessoas se organizam para produzir e consumir, principalmente na cidade.

Em segundo lugar, é preciso levar em conta que há uma "coabitação" entre a rede urbana tradicional, do tipo hierárquico, e novos arranjos espaciais, frutos das dinâmicas de apropriação e uso do território. Finalmente, há alterações na rede urbana por causa das mudanças na indústria, da industrialização do campo, do surgimento de outras fronteiras e da reorganização empresarial em rede, com as melhorias dos processos de especulação financeira e as inovações na estrutura varejista da distribuição das mercadorias.

Ao estudar como a disseminação científica e tecnológica ocorre no Brasil, Leila Dias lembra que "o jogo de complementaridades e de oposições entre centro e periferia se modificou e ainda se modifica",[14] se levarmos em consideração os processos históricos de ocupação territorial e a crise econômica da década de 1990. Esmiuçando esses aspectos, ela afirma que o recurso à noção de rede foi básico para a escolha do paradigma que ampliou o quadro cronológico de seu objeto de estudo, pois "as redes não se inscrevem no vazio, mas nos espaços geográficos já carregados de histórias, caracterizados pelo movimento incessante das disparidades sociais e regionais".[15] Para Roberto Lobato Corrêa, "no bojo do processo de urbanização a rede urbana passou a ser o meio através do qual produção, circulação e consumo se realizam efetivamente".[16] Para esse autor, pode-se falar em rede urbana quando, em primeiro lugar, houver "uma economia de mer-

---

14 DIAS, L. C. *Réseaux d'information et réseau urbain au Brésil*, p.11.
15 Ibidem, p.12.
16 CORRÊA, R. L. *A rede urbana*. São Paulo: Ática, 1989, p.5.

cado com uma produção que é negociada por outra que não é produzida local ou regionalmente", o que tem como pressuposto "um grau mínimo de divisão territorial do trabalho". E, em segundo lugar, quando se verificar "a existência de pontos fixos no território onde os negócios ... são realizados, ainda que com certa periodicidade e não de modo contínuo".[17] Finalmente, uma terceira condição é

> [a] existência de um mínimo de articulação entre os núcleos [urbanos], articulação que se verifica no âmbito da circulação, etapa necessária para que a produção exportada e importada realize-se de modo pleno, atingindo os mercados consumidores.[18]

Esse autor finaliza seu raciocínio afirmando que

> a rede urbana – um conjunto de centros funcionalmente articulados – tanto nos países desenvolvidos como nos subdesenvolvidos, reflete e reforça as características sociais e econômicas do território, sendo uma dimensão socioespacial da sociedade.[19]

É Leila Dias, em outro texto,[20] que traça uma linha do tempo analisando as mudanças nas técnicas, partindo do século XIX, quando, no Brasil, "as trilhas e os caminhos foram progressivamente substituídos pelas estradas de ferro no transporte de bens e mercadorias". Posteriormente, o surgimento do telégrafo e do telefone permitiu a transmissão de informações sem a presença do mensageiro, obtendo-se "maior velocidade na circulação de bens, de pessoas e de informações".[21] Recentemente, a formação de redes de transmissão de energia para grandes distâncias e – quando se trata das

---

17 Ibidem, p.7.
18 Ibidem.
19 Ibidem, p.8.
20 DIAS, L. C. Redes: emergência e organização. In: CASTRO, I. E.; GOMES, P. C. da C., CORRÊA, R. L. *Geografia*: conceitos e temas. Rio de Janeiro: Bertrand Brasil, 1995, p.141-62.
21 Ibidem, p.142.

redes de comunicações – a configuração da internet permitem a instantaneidade do tratamento e da transmissão das informações.

Enfim, o aumento na intensidade das redes é decorrência da necessidade crescente de transporte de pessoas e de mercadorias, como também dos fluxos de informações (como os mais diversos tipos de dados, dos banais aos mais sofisticados, que são as informações científicas e as próprias possibilidades de transformação das próprias redes).

Buscando explicar a formação territorial e o significado das redes de cidades no Brasil, Leila Dias informa que, no período do Brasil colonial, a supremacia das cidades-portos é o primeiro indício da formação de um conjunto de cidades voltadas para a exportação de produtos naturais e agrícolas. Nessa fase do século XIX, a ligação das cidades se fazia diretamente com o exterior; nos portos, ocorria drenagem da produção para a metrópole, no caso, Portugal. A única articulação real dentro do território do então império era aquela feita pelos serviços do governo entre as principais cidades, sobretudo por meio dos serviços de cabotagem com barcos a vapor. O Rio de Janeiro, a capital, contava com 274.972 habitantes, ao passo que Salvador e Recife pouco ultrapassavam os 100 mil habitantes. A proximidade do Rio de Janeiro com as zonas de exploração mineira e de produção açucareira, inicialmente, e a chegada, ao Brasil, da família real portuguesa, em 1808, expulsa de Portugal durante a guerra entre Inglaterra e França, consolidam a posição da capital em um conjunto de cidades ilhadas com suas hinterlândias dispersas pelo território colonial.

A existência de pequenos aglomerados no interior do país era decorrência dos deslocamentos de tropas de animais de carga, que tinham, como papéis principais: o abastecimento das cidades litorâneas com produtos agrícolas; o transporte de metais preciosos e o comércio interno de animais de tração;

e o abastecimento alimentar das áreas mais distantes. Com isso, formou-se um conjunto disperso de aglomerações que só se articulavam entre si com o deslocamento das tropas de burros e com as manadas de gado bovino, conduzidas por tropeiros que precisavam descansar à noite, após longas jornadas pelos caminhos rústicos. A previsão do pouso, necessário para o repouso das pessoas e das tropas, em lugares específicos permitiu a escolha e a consolidação de paradas que se tornaram povoados e, em alguns casos, cidades.

Transformações importantes ocorrem com a consolidação do ciclo do café. Em 1888, ocorreu a abolição da escravatura. Já havia experiências com o trabalho de colonos imigrantes em fazendas de café, sobretudo em São Paulo, e na ocupação de terras fronteiriças com a Argentina, no Rio Grande do Sul. A proclamação da República, em 1889, modificou as relações de poder no país. Em 1850, a Lei de Terras eliminou a concessão de terras pelo Império – prática datada do Descobrimento – e estabeleceu que qualquer porção de terreno teria de ser comercializada.

Estruturalmente, a terra transformou-se em mercadoria, e a mão de obra escrava tornou-se livre do cativeiro. Essas transformações nas relações de propriedade e de trabalho foram fundamentais para a expansão, cada vez maior, das áreas de cultivo do café pelo interior do país, produção destinada, em sua quase totalidade, para a exportação.

A implantação de recursos tecnológicos, limitados pelo desenvolvimento da época e pelas necessidades do país, também ocorreu no território brasileiro. A interligação entre as cidades passou a ser feita por meio das ferrovias, cuja implantação provocou o surgimento de oficinas de manutenção em cidades situadas estrategicamente e o deslocamento, sobretudo para São Paulo, da elite rural, motivada pelo aumento da velocidade nos traslados entre a cidade e as propriedades rurais. É possível sintetizar essas transformações acrescentando outros elementos para se compreender, de maneira mais sistematizada, as novas condições responsáveis pelas mudanças na hierarquia das cidades brasileiras:

1) um novo tempo no modelo agroexportador brasileiro representado pelo crescimento da economia do café;
2) as inovações aparecidas nos sistemas de transportes – navegação a vapor e ferrovias – e de comunicações – telégrafo e telefone;
3) a instalação das primeiras indústrias.[22]

O traçado das ferrovias que interligavam pequenos e grandes centros urbanos e, em nível intermediário, as aglomerações com características rurais – que ora cresciam e se tornavam cidades, ora desapareciam com a decadência da economia microrregional – são o primeiro desenho que se consolida na formatação da rede urbana brasileira.

Embora nossa abordagem desse período seja resumida e parcial, é preciso salientar, também, que, na década de 1950, São Paulo tornou-se o principal centro urbano brasileiro, superando economicamente o Rio de Janeiro, que continuou sendo a capital federal até 1961, quando a sede do governo passou a se localizar em Brasília.

A concentração financeira em São Paulo, decorrente dos excedentes da exportação do café; o surgimento de um parque industrial de tipo fordista, em consequência da expansão do consumo decorrente do aumento da necessidade de produção de bens intermediários e de consumo final associada à rede ferroviária que sustenta a circulação de mercadorias e de pessoas entre São Paulo, Rio de Janeiro e as cidades do interior; e ainda a construção de uma rede de rodovias que acompanha o desenho das ferrovias são os elementos básicos

---

22 DIAS, L. C. *Réseaux d'information et réseau urbain au Brésil*. Paris: L'Harmattan, 1995, p.27.

para a consolidação da rede urbana que se desenvolveu no território.

E é nesse território que, aos poucos, vão emergindo os lugares selecionados para a implantação de tecnologias de ponta que, na dimensão de um novo país industrializado, são fundamentais para a compreensão do papel diferenciado das cidades (metrópoles e cidades intermediárias) na rede urbana do Brasil. Para Roberto Lobato Corrêa, "a rede urbana constitui-se simultaneamente em um reflexo *da* e uma condição *para* a divisão territorial do trabalho".[23] Citando Harvey, ele afirma que "a rede urbana é a forma espacial por meio da qual, no capitalismo, se dá a criação, a apropriação e a circulação do valor excedente".[24]

Nas relações internacionais por comunicações, os cabos submarinos de telégrafos ligaram o Brasil a Portugal em 1876 e, à França, via Dakar, no Senegal, em 1915. Isso demonstra que as inovações técnicas foram implantadas no Brasil em ritmo semelhante ao observado no mundo. Por exemplo, em 1913, já havia 39.478 postos telefônicos, dos quais 31% estavam no Rio de Janeiro, 27,1%, no Rio Grande do Sul e 17,8%, em São Paulo, mostrando que o território que, nas próximas décadas, recebeu as mais avançadas implantações tecnológicas e consolidou os principais centros na rede urbana brasileira é exatamente aquele conformado no Centro-Sul do país no início do século XX.

A integração econômica e a industrialização foram as prioridades dos governos brasileiros depois de 1930. Os pilares dessa nova conformação da economia, no governo de Getúlio Vargas (1930-45), conforme explica Leila Dias, foram

a) a instalação da indústria pesada; b) a instituição do monopólio público na exploração da produção do petróleo; c) o investimento

---
[23] CORRÊA, R. L. *A rede urbana*, p.48.
[24] Ibidem, p.52.

no domínio das infraestruturas (principalmente os transportes e a energia).[25]

Essa orientação continuou até o governo de Juscelino Kubitschek (1956-60), com

> a construção e a melhoria das redes rodoviárias e de energia elétrica, dos portos, da capacidade de estocagem e dos silos, e da criação e extensão das indústrias prioritárias – automóveis, construção civil e siderurgia.[26]

A essas características sempre se deve somar, historicamente, a "drenagem da renda fundiária", componente de forte efeito econômico e político, porque ela pode ser aplicada nas cidades, no mercado imobiliário e no consumo de bens duráveis e serviços sofisticados.[27]

A imbricação da produção da riqueza rural, da produção de bens industrializados nas cidades e do consumo urbano é característica do mundo urbano no Brasil e está presente em toda a rede urbana nacional.

Outro momento significativo na dinâmica da consolidação das redes urbanas brasileiras é identificado nos primeiros governos militares, com a retomada da implantação das redes de comunicação, com os sistemas de micro-ondas ligando as principais cidades em direção ao interior do país e com o estímulo aos movimentos de pessoas para o Centro-Oeste e para a Amazônia, com o intuito de povoar as áreas que, até então, eram ocupadas pelos índios ou por descendentes de migrantes que para lá foram no século XIX.

A geometria da rede urbana brasileira, até 1960, pode ser exemplificada pela tabela a seguir:

---

25 DIAS, L. C. *Réseaux d'information et réseau urbain au Brésil*. Paris: L'Harmattan, 1995, p.45.
26 Ibidem.
27 CORRÊA, R. L. *A rede urbana*, p.45.

Tabela 1 – Localização das 50 maiores cidades brasileiras.

| Características | 1940 | 1950 | 1960 |
|---|---|---|---|
| Litoral | 18 | 17 | 16 |
| Ao sul de Minas Gerais | 34 | 35 | 38 |
| No "coração industrial"* | 22 | 25 | 32 |
| Capitais de estados | 19 | 20 | 21 |
| Cidades não capitais fora do "coração industrial" | 11 | 8 | 7 |
| Cidades não capitais ao norte de Minas Gerais | 5 | 3 | 2 |

\* Inclui os estados de São Paulo, Minas Gerais, Rio de Janeiro e Espírito Santo.
Fonte: SANTOS, M. apud DIAS, L. C., 1995, p.59.

A ação do Estado e de agentes privados consolidou o papel das cidades já existentes e provocou o surgimento de outros centros importantes na rede urbana, com o desenvolvimento das redes de telecomunicações.

A ideologia da segurança nacional conduziu os governos militares brasileiros (1964-85) a organizar os sistemas de telecomunicações e a produção de energia hidrelétrica como os elementos básicos para a integração nacional. Os planos nacionais de desenvolvimento objetivavam o crescimento econômico, baseado nas indústrias de alta tecnologia (aeronáutica, nuclear) e nos complexos agroindustriais. Essas características foram adotadas desconsiderando-se os movimentos sociais no campo, o déficit habitacional nas cidades que crescem rapidamente com a migração campo–cidade e as novas relações com os organismos internacionais de regulamentação da economia, sobretudo com o Fundo Monetário Internacional (FMI).

Mesmo assim, montou-se um quadro de grandes empresas que produziam materiais para as telecomunicações e, doravante, para a informática (neste caso, com reserva de mercado para empresas nacionais até 1990). No plano territorial, instalaram-se as redes-suporte no Brasil, ligando São

Paulo, Rio de Janeiro e Brasília com o restante do país por meio de sistemas de comunicações por telefone que formaram a infraestrutura para a expansão do sistema financeiro e para as mudanças no sistema produtivo, com a integração/interligação entre as sedes das multinacionais e das grandes empresas nacionais instaladas principalmente em São Paulo e empresas que terceirizam seus serviços ou outras atividades da produção industrial.

Para Leila Dias,

> o rearranjo do espaço nacional, condição indispensável para a realização do modelo nacional, acompanha as transformações do setor industrial. Em menos de vinte anos as infraestruturas de suporte ... conseguem cobrir o conjunto do território, permitindo assim a entrada em função dos diferentes serviços-redes[28] ... a configuração dos fluxos de informação ligando as cidades brasileiras atrai a atenção sobre dois fenômenos concomitantes: a valorização das atividades manufatureiras, agrícolas e mineiras no conjunto do território e a concentração das funções de comando em alguns raros pontos desse mesmo território.[29]

Território representado por São Paulo, em primeiro lugar, por outras metrópoles (Rio de Janeiro, depois Salvador, Recife, Porto Alegre etc.) e por cidades de importância intermediária, porque "a rede urbana pode ser considerada uma forma espacial através da qual as funções urbanas se realizam".[30] Por outro lado, em resumo, Roberto Lobato Corrêa defende que, para compreender a "gênese e a dinâmica da rede urbana", é preciso abordar

> a) as condições externas e internas da criação, apropriação e circulação do valor excedente, suas mudanças e as condições presentes; b) os diferentes agentes sociais que participam do processo acima indicado, e o papel mutável de cada um deles; c) o processo de

---

28 DIAS, L. C. *Réseaux d'information et réseau urbain ou Brésil*. Paris: L'Harmattan, 1995, p.162.
29 Ibidem, p.163.
30 CORRÊA, R. L. *A rede urbana*, p.70.

articulação e rearticulação intra e inter-regional; d) a forma inicial da rede urbana e sua funcionalidade, bem como as mudanças verificadas; e) as consequências econômicas, sociais e políticas, a cada momento, do modo como a rede urbana funciona.[31]

As mudanças, no Brasil, compreendem os seguintes aspectos: a) Rio de Janeiro, metrópole nacional decadente (desde 1930), vê a mudança da capital para Brasília; a partir daí, perde sua capacidade competitiva; b) há uma diversidade de metrópoles regionais que se integram progressivamente; c) é possível distinguir as dinâmicas das capitais regionais (intensidade, mentalidade e práticas); d) a rede urbana não pode ser entendida apenas pelo princípio da hierarquia, devem-se considerar as diferenças da integração produtiva; e) há diversos caminhos para o crescimento das pequenas cidades, que devem ser encaradas como prósperos lugares centrais ou centros especializados, reservatórios de força de trabalho ou centros que perdem renda e/ou sobrevivem, apenas, das aposentadorias de uma força de trabalho envelhecida; e, finalmente, f) há o aparecimento de novas formas espaciais, como a megalópole brasileira e o "rosário" de cidades litorâneas.

Para Campos Filho, "a urbanização superacelerada" que se verifica no Brasil nos últimos trinta anos, resultado de "um modo particular de industrialização"[32] e de processos de mecanização agrícola, compreende dois processos que, conjugados, ampliam os movimentos de população do campo para a cidade:

> ao mesmo tempo que reduzem, proporcionalmente ao capital investido, a oferta de empregos no chamado mercado formal urbano, gerando um crescimento exagerado do mercado urbano informal de empregos, do subemprego e do desemprego.[33]

---

31  Ibidem, p.88.
32  CAMPOS FILHO, C. M. *Cidades brasileiras*: seu controle ou o caos. São Paulo: Nobel, 1992, p.39.
33  Ibidem.

Isso dá a configuração interna do movimento econômico das cidades brasileiras e de todos os problemas sociais que por elas perpassam, além da violência e do tráfico de drogas.

Nesse cenário, o autor citado afirma que o "papel do Estado como mentor e motor da economia, privilegiando setores e grupos econômicos [gera] o capitalismo da grande empresa".[34] A seletividade dos investimentos públicos em projetos voltados para o bem-estar dos habitantes das cidades é decorrente, assim, do direcionamento de fundos públicos para o estímulo a investimentos em infraestrutura e logística por parte das grandes empresas, em detrimento de obras de saneamento, de gestão do tráfego ou de construção de habitações com conforto adequado para a maior parte da população.

São essas, em resumo, as características das cidades que constituem a rede urbana brasileira, construída historicamente. As cidades territorializam-se, no início do século XXI, repetindo as dinâmicas tradicionais ao mesmo tempo que diferentes elementos tecnológicos novos são inseridos na vida urbana. Um desses elementos é, sem dúvida, a internet, rede de comunicações que se dissemina pela rede urbana e forma um ambiente próprio, e caracteriza-se também por uma cultura própria. É o que veremos em seguida.

## Cultura da internet

Uma vez compreendida a constituição da rede urbana brasileira como principal expressão das redes de informação, vamos abordar alguns aspectos da cultura da internet e suas características eminentemente urbanas que se disseminam, mais rapidamente, nas metrópoles e, em diferentes velocidades, nas cidades médias e nos pequenos aglomerados urbanos e até no mundo rural.

---

[34] Ibidem, p.47.

# REDES E CIDADES

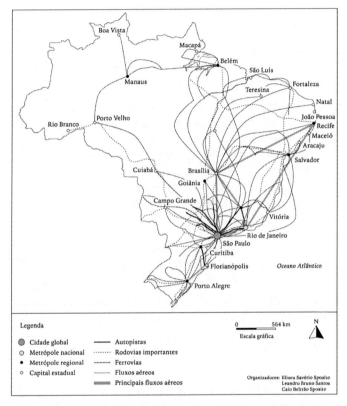

**FIGURA 1 – UM ESBOÇO DO QUE SERIA A REDE DE CIDADES NO BRASIL. SE A REDE URBANA É A EXPRESSÃO MAIS COMPLEXA DE TODOS OS TIPOS DE REDES, A TENTATIVA DESSE MAPA É RESUMIR OS PRINCIPAIS ELEMENTOS QUE EXEMPLIFICAM A SINERGIA QUE SE FORMA NAS CIDADES E ENTRE AS CIDADES, EM TODO O TERRITÓRIO BRASILEIRO, CONSIDERANDO-SE VÁRIOS ASPECTOS POSSÍVEIS, COMO O TAMANHO E A DIMENSÃO DAS CIDADES, A INFRAESTRUTURA DA LOGÍSTICA DE TRANSPORTE, AS REDES DE COMUNICAÇÕES E OS FLUXOS DE PESSOAS E DE MERCADORIAS PELO TRANSPORTE AÉREO.**

Podemos continuar nossa exposição lembrando que:

> a globalização da economia, acompanhada pelo surgimento de uma cultura global, alterou profundamente a realidade social, econômica e política dos Estados-nação, das regiões transnacionais e das cidades.[35]

As transformações mais recentes, considerando-se a articulação em escalas mundial, nacional, regional e local, têm duas características

> 1) a formação de espaços transnacionais nos quais se desenvolve a atividade econômica e onde os governos exercem um papel mínimo, muito diferente daquele que desempenham no comércio internacional; e 2) esses espaços transnacionais, nos quais se exerce a atividade econômica, são localizados em territórios nacionais e controlados por Estados-nação soberanos. [Enfim,] a localização dos espaços transnacionais em territórios nacionais define a atual fase da economia mundial.[36]

As características apresentadas são específicas de um mundo que, na atualidade, estrutura-se em diferentes escalas e, por isso, comporta o desenvolvimento de uma cultura provocada e influenciada pelas redes e pelas novas tecnologias, responsáveis pelas mudanças na velocidade da transmissão da informação, bem como na quantidade e na qualidade desta.

A exemplificação pelo comércio eletrônico faz lembrar que os países têm diferentes ambientes culturais para a internet. A Dinamarca é o país com melhor ambiente para esse tipo de comércio, seguido por Grã-Bretanha, Suécia, Noruega e Finlândia. Em seguida, vêm Estados Unidos, Cingapura, Holanda, Hongkong e Suíça. Entre os 64 países mais propícios para esse tipo de cultura comercial, o Brasil situa-se em 35º lugar, embora seu Produto Interno Bruto (PIB) fosse, em 2004, o 15º do mundo. Isso equivale a dizer que o Brasil, mesmo com uma posição econômica importante no mundo,

---

**35** SASSEN, S. *As cidades na economia mundial*. São Paulo: Nobel, 1998, p.11.
**36** Ibidem, p.11-2.

tem situação crítica quando se consideram a adoção de tecnologias de ponta e suas aplicações sociais e econômicas, o que estabelece limites para seu próprio crescimento econômico.

Nos países com cultura de internet bastante desenvolvida, houve remodelações nas transações comerciais (utilização do comércio on-line e dos cartões de crédito, principalmente) e a população incorporou, em sua rotina diária, a tecnologia da informação (leia-se, internet), o que exigiu investimentos governamentais no mercado virtual.

O Brasil é um exemplo de país em vias de desenvolvimento, onde há aproximadamente 360 mil computadores com acesso direto à internet nas instituições de educação superior, o que equivale, em média, a 9,5 alunos por computador.

As diferenças comparecem regionalmente e por tipo de universidade. Em termos regionais, a melhor proporção está no Distrito Federal, com 5,9 alunos por computador. Outro exemplo positivo é o da Região Sul, onde a proporção média é de 7,9 alunos por computador. A pior situação no Brasil é a do Nordeste, cuja média é de 12,1 alunos por computador. Quando a comparação é feita por tipo de universidade, nas instituições federais, nas quais a relação é de 5,8 alunos por computador, a situação é muito melhor que nos estabelecimentos privados, em que a proporção é de 10,5 estudantes por computador.[37]

Esses dados mostram que o Brasil ainda é um país com pouca disseminação do uso de computadores, embora a tendência à ampliação do uso da internet seja um fato aceito por toda a comunidade científica.

Manuel Castells baseia-se em quatro extratos superpostos que compõem a cultura da internet:

1) A cultura tecnomeritocrática, formada por uma tecnoelite, cujos fundamentos são: a descoberta tecnológica

---

[37] FAPESP. *Fapesp Informa*. Boletim eletrônico. Acesso em 25.4.2004.

como contribuição ao conhecimento da informática; a competição entre os colegas, provocando aumento de competitividade para a melhora dos artefatos tecnológicos; o controle dos recursos por pessoas mais qualificadas que estabelecem as regras para o uso coletivo do conhecimento comum. Todos esses fundamentos funcionam articulados em rede. Assim

> [a] cultura da internet radica na tradição acadêmica da investigação científica compartilhada, cuja reputação é obtida graças ao prestígio acadêmico, à avaliação por parte dos colegas e à abertura e publicidade das investigações.[38]

2) A cultura *hacker*, cuja ética é a do informacionalismo. Os *hackers* são reconhecidos entre si muito mais que pelos outros, que são diferentes. Todas as características da cultura tecnomeritocrática repetem-se entre os *hackers*, que não são considerados problemáticos para a sociedade, porque dominam as técnicas da informática. Eles se diferenciam dos *crackers*, caracterizados pela utilização da internet em proveito próprio ou para prejudicar pessoas e entidades. O ambiente de liberdade é um valor fundamental para a cultura *hacker* "porque existe um sentimento comunitário ... baseado no pertencimento ativo a uma comunidade que está estruturada pelos costumes e princípios de uma organização social informal",[39] mas, também, global e virtual, dotada de um sentimento de superioridade em relação àqueles que não dominam a linguagem e o saber-fazer informacional.

3) A cultura comunitária virtual (ou cultura on-line), que se configurou em formas, processos e usos sociais. Suas origens "estão muito próximas dos movimentos contraculturais

---

38 CASTELLS, M. *La galáxia internet*: reflexiones sobre internet, empresa y sociedad. Madrid: Areté, 2001, p.55.
39 Ibidem, p.63.

e dos modos de vida alternativos que surgiram na década de sessenta"[40] do século XX. No entanto,

> Uma vez que as comunidades virtuais aumentaram em tamanho e temática, debilitou-se sua conexão inicial com a contracultura porque ... com o tempo, surgiram ... outros valores e interesses nas redes informáticas.[41]

4) Finalmente, a cultura dos empreendedores, cujo papel inicial foi a difusão da internet "desde os círculos internos dos tecnólogos e do entorno comunitário para a sociedade em geral". Os empreendedores preocuparam-se, também, com a "qualidade dos produtos e o desenho inovador", características fundamentais para a "nova" economia ou, simplesmente, e-conomia. A cultura dos empreendedores tem uma "característica histórica nova: faz dinheiro das ideias e mercadoria do dinheiro, de modo que tanto a produção material como o capital dependem do poder da mente".[42]

Para concluir este tema, Castells articula os quatro extratos da cultura da internet da seguinte maneira:

> na parte superior da construção cultural que conduziu a criação da internet, está a cultura tecnomeritocrática da excelência científica e tecnológica [que fazia] parte de um projeto de dominação mundial. [Em seguida, a] cultura *hacker* deu um caráter específico à meritocracia à base de reforçar as fronteiras internas da comunidade dos tecnologicamente iniciados. [A] apropriação da capacidade de conexão em rede por parte de redes sociais de todo tipo conduziu à formação de comunas on-line que reinventaram a sociedade [da qual fazem parte os] empreendedores da internet, que descobriram um novo planeta, povoado por grandes inovações

---

40 Ibidem, p.69.
41 Ibidem, p.70.
42 Ibidem, p.74-5.

tecnológicas, novas formas de vida social e indivíduos autodeterminados, dotados por sua habilidade tecnológica de um poder de negociação considerável frente às regras sociais e instituições dominantes.[43]

Vamos, agora, detalhar um lado da cultura da internet decorrente da incorporação de práticas no cotidiano de seu uso, as quais podem causar danos fantásticos aos usuários. A existência de softwares espiões (*spywares*) faz que as pessoas, buscando mais velocidade na aquisição de informações condensadas e com explicações resumidas, tragam para suas máquinas programas que danificam não só seus arquivos de utilização constante, mas também o suporte físico de seu trabalho ou lazer, que é o disco rígido do computador.

O computador, que veio para aumentar a velocidade do tempo nas relações sociais de produção e no ócio, trouxe consigo sua própria negação, que é o conjunto de dificuldades disseminadas pelos vírus que se espalham pelas redes, sobretudo quando os usuários estão em comunicação direta entre si.

> Enviar e receber e-mails, fazer pesquisas de colégio ou faculdade, participar de *chats*, visitar páginas de notícias, humor e astrologia, baixar músicas, vídeos e games, conversar com amigos em programas de mensagens instantâneas e, ufa!, ainda visitar ou atualizar os próprios blogs e *fotologs*. Tudo em uma tarde, quase ao mesmo tempo e com a TV ou o som ligado e o telefone celular tocando. E sobra tempo até para praticar esportes ou fazer curso de inglês.
> 
> O uso de tecnologias na educação é positivo porque o computador "liberta" o cérebro para que ele funcione como deveria, ou seja, em rede. Assim, a máquina pode estimular a capacidade natural dos jovens de desempenhar várias tarefas ao mesmo tempo.

---

[43] Ibidem, p.76-7.

Além disso, o ambiente da rede, com janelas que se abrem simultaneamente, obedece à curiosidade de quem está na frente da tela e clica em *links* de acordo com a vontade na hora.

| Atividades realizadas pelos internautas nos últimos trinta dias | Todas as faixas etárias (%) | Jovens de 12 a 19 anos (%) |
|---|---|---|
| Enviar e receber e-mails | 83 | 76 |
| Pesquisa pessoal | 68 | 64 |
| Ler noticiários nacionais | 61 | 47 |
| Ler notícias de outros países | 53 | 43 |
| Ler jornais | 46 | 31 |
| Ouvir música | 43 | 64 |
| Mensagens instantâneas | 42 | 50 |
| Ler revistas | 42 | 39 |
| *Chat* (bate-papo) | 41 | 37 |
| Visitar sites de educação | 40 | 66 |
| Piadas | 39 | 55 |

Retirado, livremente, de texto do "Suplemento Folhateen", da *Folha de S. Paulo*, de 5.4.2004, p.6.

Em contrapartida, há numerosos sítios (ou sites, como se diz comumente) que contêm vários aspectos das desordens mentais motivadas pela internet. Os neologismos vão surgindo em inglês, a língua "oficial" e universal do mundo virtual, e têm como objetivo descrever os novos problemas mentais, de comportamento e econômicos do crescente número de usuários das redes de comunicação. A seguir, citamos alguns neologismos que servem como exemplo do novo vocabulário a ser dominado por todos aqueles que procuram compreender as rápidas transformações que ocorrem, atualmente, na dimensão e no ritmo de vida das pessoas.

> *Abreaction (abreação)*: Atitude ou descarga emocional depois da retomada de uma experiência forte que foi represada por não ser conscientemente tolerável. Um efeito terapêutico, muitas vezes, ocorre por meio de uma descarga parcial ou repetida do efeito doloroso.
> *Adrenergetic (adrenergética)*: Refere-se à ativação dos neurônios por catecolaminas, como epinefrina, norepinefrina e dopamina.
> *Agnosia (agnosia)*: Falha ao reconhecer ou identificar objetos a despeito das funções sensórias intactas; pode ser identificada como demência.
> *Cataplexy (cataplexia)*: Perda repentina da postura sem perda de consciência, tipicamente provocada por alguns estímulos emocionais, como o riso, a fome ou o excitamento. É uma característica da narcolepsia.
> *Verbigeration (verbigeração)*: Repetição estereotipada e aparentemente sem significado de palavras ou sentenças.
> *Fonte*: www.mentalhealth.com (acesso em maio de 2004).

Os verbetes são constituídos por palavras em inglês que tiveram tradução livre do autor deste livro. A escolha de algumas palavras dessa natureza foi proposital para demonstrar a importância da língua inglesa como o meio de comunicação oral e escrita mais disseminado em todo o mundo e o idioma dos termos de tudo o que se refere à informática.

O inglês torna-se, cada vez mais, a língua universal e, portanto, a língua oficial da sociedade informática. Octavio Ianni mostra como o inglês se propaga mundialmente, lembrando que o modo capitalista de produção se expande de modo contínuo, pelas mais diversas e distantes partes do mundo, em um processo de ocidentalização cujo epicentro está nos Estados Unidos, mais especificamente, quando se trata da informática, em algumas áreas da Califórnia e, quando se trata da dominação financeira, no endereço da Bolsa de Valores, Wall Street, em Nova York.

Para Ianni, enfim,

a modernização do mundo implica a difusão e a sedimentação dos padrões e valores socioculturais predominantes na Europa e nos Estados Unidos [disseminando-se a ideia de que] o capitalismo é um processo civilizatório não só "superior", mas também mais ou menos inexorável.[44]

Importa compreender que, por essas razões e pela necessidade de tomar parte na cultura da internet, todas as pessoas, principalmente os intelectuais que produzem e disseminam ideias, são provenientes das mais diversas nações e com suas distintas culturas, como intelectual que se considera coletivo, múltiplo, ubíquo e polifônico, mesmo que a língua na qual fala, escreve e pensa seja o inglês, em detrimento da língua de seu país de origem. O inglês transformou-se na língua única da globalização e de um mundo eletrônico sem fronteiras, pois todos "se entendem e se desentendem principalmente em inglês".[45]

No entanto, é preciso lembrar que "a universalização do inglês não significa, automaticamente, a homogeneização dos modos de falar, escrever e pensar, ou ser, agir, sentir, imaginar e fabular", porque ainda há grupos e nações que resistem e se mantêm com seus ritos e costumes, transmitindo, de geração em geração, aspectos culturais regionais.

É comum, portanto, ao se utilizar qualquer computador com o objetivo de "navegar" pela internet, deparar com "soluções inovadoras" em networking, *hubs*, modems, placas de rede, *printerservers*, multisseriais, redes sem fio ou *wireless nets*, roteadores, *supercox*, *switches*, *transceivers* etc. Ora deparamos com um vocabulário todo em inglês, ora com adaptações para o português ou para outras línguas (*mouse* é *ratón* em espanhol ou *souris* em francês, mas no Brasil ele conti-

---

44 IANNI, O. *Teorias da globalização*. Rio de Janeiro: Civilização Brasileira, 1996, p.76-7.
45 Ibidem, p.103.

nua sendo *mouse*; *computer* é *ordenador* ou *computadora* em espanhol e *ordinateur* em francês, mas no Brasil a palavra foi traduzida para computador), ora com neologismos criados na língua pátria (roteador, multisserial, deletar etc.).

A territorialização dos elementos que compõem a cultura da internet e todos os seus desdobramentos remetem a uma geografia da internet. É o que veremos a seguir.

## A geografia da internet

Para Manuel Castells, a geografia da internet "é feita de redes e nós que processam fluxos de informação gerais e controlados desde determinados lugares"[46] e é, portanto, um sistema caracterizado por sua unidade. A rede, uma vez constituída, redimensiona à distância sem suprimir a geografia. Assim, "a dispersão da atividade econômica, em escala nacional e mundial, acarretada pela globalização, criou novas formas de concentração",[47] que são constantemente reelaboradas pela dinâmica dos fluxos de informação provocando o surgimento de outras configurações territoriais diferentes das anteriores.

Para enfatizar o que foi afirmado, podemos retomar o que afirmou Saskia Sassen:

> o processo básico ... é a crescente demanda de serviços por parte das empresas em todas as indústrias e o fato de que as cidades globais são os locais preferidos de produção para tais serviços, provocando a formação de uma "nova economia urbana".[48]

Essa nova estruturação em forma de redes coordenadas por lugares altamente seletivos tem reflexos na qualidade do emprego, provocando a intensificação do tipo do profissional

---
[46] CASTELLS, M. *La galáxia internet*. Madrid: Areté, 2001, p.235.
[47] Ibidem, p.36.
[48] SASSEN, S. *As cidades na economia mundial*. São Paulo: Nobel, 1998, p.76.

altamente qualificado ou especializado e com altos vencimentos, ao mesmo tempo que provoca o surgimento de empregos sem qualquer qualificação para aqueles considerados excluídos na divisão internacional do trabalho. Os reflexos também se fazem sentir no mercado imobiliário, porque o alinhamento dos preços dos imóveis se faz na comparação entre as cidades globais, e não entre essas cidades e outras áreas do próprio país.

Finalmente, outro reflexo importante é o reposicionamento da cidade no espaço da política, por meio de indicadores de produtividade econômica urbana e de políticas explícitas de estímulo à competição entre as cidades, cujo objetivo principal é ter acesso aos mercados globais. Para isso, o fluxo de recursos (capitais e força de trabalho especializada) de um país para outro estão presentes em todos os ramos da economia e nas instituições internacionais, estimulando-se o fluxo de pessoas para a prática do turismo e para a organização de convenções dos mais diferentes níveis.

Nas cidades globais, ocorrem dois processos econômicos principais. O primeiro deles é o "grande crescimento da globalização da atividade econômica" por causa da complexidade das transações em dinheiro ou crédito entre os mercados internacionais. O segundo processo "é a intensidade cada vez maior da prestação de serviços na organização de todas as indústrias", porque as cidades são "lugares fundamentais para a produção de serviços destinados às empresas",[49] por causa da crescente demanda por serviços oferecidos, preferencialmente, nos ambientes urbanos. Para ficar mais claro para o leitor, esses serviços podem ser assim arrolados: desenvolvimento de projetos arquitetônicos, administração e qualificação de pessoal, elaboração de novas formas e tecnologia de

---

**49** Ibidem, p.75-6.

produção, administração de logística de transportes, manutenção de equipamentos, oficinas de comunicações, distribuição de mercadorias por atacado, publicidade, serviços de limpeza terceirizados, serviços de segurança, armazenamento de produtos embalados etc.

Os grandes centros financeiros e comerciais com status de cidades globais, que representam os nós dessa nova geografia das redes, são: Nova York, Londres, Tóquio, Paris, Frankfurt, Zurique, Amsterdã, Sidney, Hongkong, Cidade do México e São Paulo. Para Manuel Castells, já citado:

> o conceito de *geografia técnica* refere-se à infraestrutura de telecomunicações da internet, às conexões entre computadores que organizam o tráfico na rede e à distribuição de sua amplitude de banda [em consequência] os nós estão todos conectados entre si através de uma multitude de rotas possíveis.[50]

Outro aspecto que se deve compreender é o fato de que eventos distantes podem provocar consequências diretas na dinâmica urbana. Investimentos de monta, como a instalação de estabelecimentos industriais com significativa capacidade de produção tecnológica, modificam, diretamente, a estrutura populacional do lugar, porque exigem a participação de pessoas altamente qualificadas que não residem, necessariamente, na cidade em que eles serão instalados. A sinergia criada por esse estabelecimento, por sua vez, pode ocasionar a instalação de outros que abriguem atividades complementares àquelas concernentes ao pivô deste raciocínio. E essas mudanças podem, por fim, ser observadas na própria organização do espaço da cidade, nos fluxos viários, na qualidade das moradias, na massa salarial incorporada ao comércio local etc.

As novas localizações serão fundamentais, também, para a mudança da geografia dos fluxos e das comunicações, não só na constituição interna do espaço urbano, mas na defini-

---

50 CASTELLS, M. *La galáxia internet*. Madrid: Arete, 2001, p.236.

ção das redes de comunicações, como a internet, porque os estabelecimentos com grande capacidade de produção e incorporação tecnológica estão interligados entre si e aos demais sistemas importantes na estruturação do capitalismo, como o sistema bancário.

A fluidez da comunicação, que se apoia na estruturação física das redes, é o aspecto dinâmico que só pode se desenvolver com a existência de pontos conectados entre si. A conexão dos elementos constituintes das redes geográficas implica a necessidade constante de aumentar a velocidade na transmissão e na recepção das informações, o que só ocorre com a incorporação de novas tecnologias que ampliem essa velocidade, com a utilização de equipamentos mais modernos e adequados, tanto para a qualidade (empresarial, pessoal etc.) quanto para a quantidade da informação (pode ser "medida" pelo número de *bites* transmitidos por segundo).

No Brasil, um exemplo das novas conformações de redes e de suas aplicações foi a inauguração, em maio de 2004, da rede óptica do Projeto Giga, patrocinado pelo Centro de Pesquisa e Desenvolvimento em Telecomunicações (CPqD), cujo objetivo é o desenvolvimento de tecnologias de redes ópticas associadas a redes de banda larga.

Essa rede interliga dezessete instituições de pesquisa em São Paulo, Campinas e Cachoeira Paulista, no estado de São Paulo, e Rio de Janeiro, Petrópolis e Niterói, no estado do Rio de Janeiro, inicialmente, com a perspectiva de se expandir para outros catorze estados. O resultado será a transmissão de dados com velocidades de até 10 *gigabites* por segundo, o que facilitará a pesquisa compartilhada e aumentará a rapidez dos serviços de telecomunicações.

Outras informações ajudam a compreender a geografia da internet. A página diária da revista eletrônica *Fapesp Informa*, em 25 de abril de 2004, trazia a notícia de que a International Data Corporation (IDC) criou, nos Estados Unidos, o Índice da Sociedade da Informação (ISI), com a intenção de produzir uma metodologia comparável com o IDH (Índice de Desenvolvimento Humano), criado por um programa da ONU. Para isso, a IDC utilizou termos da patinação no gelo, esporte típico dos países de clima frio, para medir as competências de 55 países responsáveis pela produção de aproximadamente 98% do conhecimento de tecnologia de informação que se encontra disponível, atualmente, em 150 países.

Pela metodologia do IDC, o ISI dos diferentes países pode ser agrupado em quatro blocos verticais. Os países que estão no topo da pirâmide (os *skaters* ou patinadores bastante ágeis) têm sólidas infraestruturas sociais e de informação (por exemplo, Noruega, Suíça e Estados Unidos). Em segundo plano estão os *striders* (ou os que deslizam em passos largos), com infraestrutura pronta para se incorporarem em pouco tempo à sociedade da informação, entre eles Alemanha, Áustria e Portugal. Em seguida, viriam os *sprinters* (os velocistas), que avançam em ritmo de ondas, invertendo as prioridades por causa de sua situação econômica, social e política em um plano inferior aos países dos grupos anteriores, como é o caso do Brasil, da República Tcheca e da África do Sul. Finalmente, na base do "plano inclinado" da pirâmide, situam-se os *strollers* (aqueles que não têm habilidade ou rumo nos deslocamentos), com falta de recursos financeiros e grande número de pessoas vivendo à margem da sociedade organizada, como a Colômbia, a Rússia e o Paquistão.

A diferenciação apresentada remete à comparação dos investimentos na produção de conhecimento e de novas tecnologias. O investimento brasileiro em pesquisa e desenvolvimento, em 1999, foi de 0,87% do PIB. Esse porcentual é próximo ao da Itália (1,0%), Espanha (0,9%) e Hungria (0,7%), mas muito inferior ao da Coreia do Sul (2,5%), do Japão (3,1%), dos Estados Unidos (2,7%) e da Alemanha (2,3%). A situação torna-se mais esclarecedora e angustiante quando se sabe que o PIB dos Estados Unidos, em 2003, foi de 12 trilhões de dólares e o do Japão, de 5 trilhões de dólares, o que equivale a investimentos de 205 bilhões e de 180 bilhões de dólares, respectivamente. Para se ter uma ideia, no Brasil, os investimentos feitos em 1999, dividindo-se o PIB pelo porcentual, não chegaram aos 6 bilhões de dólares.[51]

A metáfora dos patinadores no gelo e a comparação com os indicadores de desenvolvimento social são interessantes por várias razões. Primeiro, mostram que os "patinadores" – os países avaliados – precisam ter certas habilidades que lhes permitam realizar determinados movimentos. O segundo ponto é a aquisição dessas habilidades. Isso vai sempre exigir altos investimentos. O terceiro é que não se pode aplicar recursos apenas na infraestrutura de informação e na produção de novas tecnologias de informação e comunicação. O ideal é investir em todos os setores que envolvam a estruturação da sociedade, como os níveis da educação formal. Assim, parece que o Brasil ainda permanecerá por muito tempo na mesma posição, se não regredir proporcionalmente: afinal, o país acaba de passar da posição de 12ª para 15ª economia mundial. Infelizmente, não há nada que indique sensíveis melhoras em seu IDH nem em outros índices econômicos ou sociais.

Para concluir, precisamos compreender outro aspecto do mundo virtual. A fugacidade da informação em meio virtual torna difícil cruzar os dados da geografia da internet. As informações retiradas da página do boletim diário eletrônico da Fapesp e utilizadas nos parágrafos anteriores para nossa reflexão, por exemplo, já não estão mais disponíveis. Assim, por um lado, temos a formação de redes que se consolidam e são fundamentais para a circulação da informação, e, por outro, o volume de informações e seu fluxo são tão grandes que a efemeridade é uma característica dessa mesma geografia.

---

51  FAPESP. *Fapesp Informa*. Boletim eletrônico. Acesso em 25.4.2004.

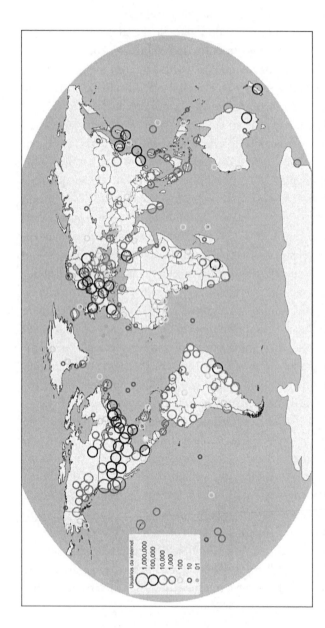

FIGURA 2 – O CARTOGRAMA MOSTRA O NÚMERO DE USUÁRIOS DE INTERNET EM 1999. EMBORA OS DADOS ESTEJAM DEFASADOS, PODE-SE VER EM QUAIS PAÍSES SE CONCENTRAM OS MAIORES CONTINGENTES DE PESSOAS LIGADAS À REDE. FONTE: WWW.CYBERGEOGRAPHY.ORG.

# 3 Redes de cidades

Neste capítulo demonstraremos, sem grandes aprofundamentos, como ocorre o processo de mundialização financeira e como as mudanças tecnológicas nos sistemas produtivos contemporâneos alteram os papéis, sobretudo das cidades. Mostraremos também o que compreendemos por sociedade informática, para incorporar mais ideias à nossa análise das cidades e das redes. Para isso, apresentaremos os conceitos de mundialização e globalização, com base em alguns aspectos da modernidade e dos novos processos produtivos contemporâneos, procurando relacionar rede e território, com base em argumentos de autores citados nos capítulos anteriores, como Pierre Veltz, Ana Fani Carlos, Saskia Sassen e Octavio Ianni, e de outros, que vamos introduzir neste capítulo, como Georges Benko, André Fischer e Adam Schaff.

## Mundialização/globalização

Iniciamos nossa exposição com o que Ana Fani Carlos enfatiza, no plano da reprodução de mercadorias:

[a] cidade é condição geral da produção, o que impõe determinada configuração espacial que aparece como justaposição de unidades produtivas, formando uma cadeia ... que integra os diversos processos produtivos, os centros de intercâmbio, os serviços e o mercado além da mão de obra.[1]

Não se pode esquecer, neste ponto, que a produção do espaço ocorre, por exemplo, em "função das necessidades econômicas e políticas e ao mesmo tempo da reprodução do espaço da vida social".[2]

É por essas razões (entre outras que aqui não serão detalhadas) que a centralidade é aspecto fundamental para se compreender esse tipo de atividade que não pode se instalar em qualquer ponto do território metropolitano e, por extensão, em qualquer ponto do território de um espaço regionalizado.

Procurando definir o que é globalização, Delapierre afirma que ela:

associa uma extensão da internacionalização das atividades econômicas e um aprofundamento do papel do conhecimento na organização de suas atividades. Ela se traduz por uma relativa desconexão entre os modos de funcionamento das economias territoriais nacionais e os modos de funcionamento das indústrias.[3]

Para esse autor, então, a "globalização resulta de duas tendências de fundo: a mundialização e o novo papel do conhecimento na economia".[4]

O processo de globalização já teve bastante atenção dos estudiosos e, entre as muitas abordagens que sofreu, seu início

---

1  CARLOS, A. F. A. *Espaço-tempo na metrópole*. São Paulo: Contexto, 2001, p.14.
2  Ibidem, p. 18.
3  DELAPIERRE, M. De l'internationalisation à la globalisation. In: SAVY, M.; VELTZ, P. *Économie globale et réinvention du local*. Paris: Éditions de l'Aube, 1995, p.15.
4  Ibidem.

foi situado na Antiguidade, na época dos grandes descobrimentos ou no período da expansão territorial dos grandes impérios coloniais no século XIX, tendo a Europa e os Estados Unidos como seu epicentro. Vamos adotar, neste texto, o ponto de vista de que ele se desenrola a partir do último período citado. Assim, vamos detalhá-lo um pouco mais, começando pela exposição de algumas características.

A globalização, para Delapierre, é um processo definido por duas particularidades:

1) Em primeiro lugar, podemos afirmar que ele "é a intensificação dos canais tradicionais da internacionalização", ao mesmo tempo que "a produção se multifuncionaliza",[5] sem, necessariamente, haver uma "integração reforçada de todos os países no seio da economia mundial", porque o sistema que se desenha, a partir desse processo, não é homogêneo, pois "os países são simultaneamente importadores e exportadores dos mesmos tipos de produtos".[6]

Para completar essa particularidade, sabemos que "os canais e as modalidades da internacionalização" estão "cada vez mais estreitamente ligados entre si".[7] Esquematicamente, a articulação acontece da seguinte maneira: a) trocas de mercadorias entre economias nacionais; b) investimentos diretos, com o objetivo de localizar unidades de produção e potenciais consumidores nos mercados finais etc. c) implantação de unidades de fabricação nas regiões com condições

---

5 O termo incorpora vários sentidos: ele refere-se ao aumento de fluxos de capitais de empresas transnacionais enviados ao exterior, ao volume das vendas dessas firmas que crescem mais que os produtos internos brutos de muitos países – inclusive Estados Unidos – e ao aumento da soma de dinheiro transferida dos países onde estão as filiais das empresas transnacionais para onde estão suas sedes.
6 DELAPIERRE, M. De l'internationalisation à la globalisation. In: SAVY, M.; VELTZ, P. *Économie globale et réinvention du local*. Paris: Éditions de l'Aube, 1995, p.17.
7 Ibidem.

mais favoráveis, que são aquelas em que o custo da mão de obra é barato.

Enfim, para esse autor, a mundialização é um fenômeno gerado, de maneira ampla e nos diferentes territórios, pelas empresas multinacionais que modificam as relações de trocas entre economias nacionais, reforçando seu domínio na escala mundial. Em acréscimo, uma das consequências evidentes é que as trocas mundiais de mercadorias são objeto da concorrência entre empresas mais do que de complementaridade entre elas, por causa do incremento dos negócios *intra* e não *intersetoriais*.

2) A segunda particularidade pode ser descrita como a importância que o domínio do conhecimento passa a ter na organização e no funcionamento das atividades econômicas.

Nessa direção, podemos afirmar, também, que é possível verificar que há separação entre atividades manuais, voltadas para a produção, e atividades intelectuais, aquelas definidas pela produção de ideias e de inovações, disseminadas pela circulação rápida e instantânea do conhecimento. Essas atividades são a base para a dinâmica da atuação das empresas em âmbito mundial, cujas estratégias se fundamentam sobre uma combinação e um cruzamento de competências. Como resultado, as atividades (produtos comercializados e qualidade da mão de obra, por exemplo) são valorizadas e sobrepostas, o que incomoda as fronteiras com as outras indústrias.

Como a globalização não se traduz pela completa homogeneização do espaço mundial, mas, ao contrário, pela criação de novas desigualdades, a desconexão entre os interesses das firmas submetidas à concorrência global e os de seus países de origem não pode ser compreendida como separação de empresas e de territórios.

Outra opinião que podemos utilizar para confrontar com as ideias anteriores é a de Pierre Veltz, para quem:

[a] globalização das firmas é um processo complexo, que não suprime a diversidade das demandas e dos contextos de produção ou de comercialização. Ela é, pelo contrário, uma tentativa de organizar uma diversidade explosiva [motivada pela] concorrência mundializada que impõe cada vez mais os modos de competição pela "diferenciação" (qualidade, variedade, *délais*, serviços etc.).[8]

Segundo Ana Fani Carlos:

as comunicações diminuem as distâncias tornando o fluxo de informações contínuo e ininterrupto: com isso, cada vez mais o local se constitui na sua relação com o mundial. Nesse novo contexto, o lugar se redefine pelo estabelecimento e/ou aprofundamento de suas relações numa rede de lugares.[9]

Para essa autora, emerge, no momento, a necessidade de se compreender e relativizar a ideia de *situação*, que se define, cada vez mais, pelas relações do lugar com um espaço mais amplo.

Voltando ao texto de Pierre Veltz, lembramos da sequência, de caráter didático, de "ingredientes" que servem para detalhar, um pouco mais, a noção de globalização:

1) *modelo celular*: "suprimir as direções geográficas intermediárias, centralizar e reagrupar as direções operacionais em torno de grandes ramos de produtos";

2) *gestão centralizada de dados comerciais e marketing global*;

3) *gestão centralizada dos saberes técnicos*;

4) *globalização das compras*;

5) *coordenação operacional em larga escala*;

---

8 DELAPIERRE, M. De l'internationalisation à la globalisation. In: SAVY, M.; VELTZ, P. *Économie globale et réinvention du local*. Paris: Éditions de l'Aube, 1995, p.28.
9 CARLOS, A. F. A. *O lugar no/do mundo*. São Paulo: Hucitec, 1996, p.28.

6) *concepção integrada de produtos; e*
7) *multiplicação de medidas comparativas.*[10]

Na opinião de Veltz, há também duas tendências para os grandes grupos:

> a) aumento do papel das atividades financeiras, notadamente em torno do mercado de trocas; b) tendência geral para a externalização, o que conduz ao desenvolvimento de "firmas-redes" com contornos cada vez mais fluidos e parcialmente imbricados uns nos outros.[11]

Uma consequência dessas tendências é que o lucro resultante das operações de venda de mercadorias e serviços se distingue cada vez menos da renda.

A relação entre as empresas e os territórios pode ser assim sistematizada:

1) "Os recursos estratégicos são cada vez menos recursos dados e cada vez mais recursos construídos: competências, pesquisa, infraestruturas materiais e sociais". Essa situação é fundamental para se compreender por que os recursos naturais (minérios) e os produtos primários (da agricultura e da pecuária) têm, historicamente, seus preços diminuídos no mercado internacional. Em contrapartida, produtos com alta agregação de tecnologia custam caro e possibilitam a transferência de renda para os países com grande concentração de empresas encarregadas da produção de computadores e de materiais básicos para a construção das redes de comunicações.

2) "A intensidade de uso de cada fonte e seus custos contam menos que a pertinência de suas combinações, isto é, a

---

10 VELTZ, P. Firmes globales et territoires: des rapports ambivalents. In: SAVY, M.; VELTZ, P. *Économie globale et réinvention du local*. Paris: Éditions de l'Aube, 1995, p.34-5.
11 Ibidem, p.35.

qualidade da organização que preside à sua utilização". Assim, muito mais que o uso das redes constituídas, importa para a agregação de valor às mercadorias e para o aumento dos lucros finais a maneira como as redes são utilizadas, de acordo com os arranjos nas formas de produção e na logística de ação.

3) As duas características anteriores se acentuam "pela tendência ao rompimento dos sistemas de produção pela externalização e a formação em rede",[12] isto é, não é necessário que todos os processos produtivos estejam localizados em um mesmo lugar, mas sim que a conexão entre as unidades de produção seja rápida e eficiente. Na Europa, por exemplo, os serviços de publicação de livros estão desconcentrados: a edição pode estar em um país, a impressão em outro e os encarregados pela distribuição em um terceiro.[13]

Para Ana Fani Carlos:

> [o] próximo e o distante ligam-se quase que instantaneamente pela mediação da mídia; mas não só dela, pois não podemos esquecer da tendência à flexibilização do trabalho que faz emergir um novo personagem, que é o *ciberexecutivo*, que passa a maior parte do tempo fora da empresa, mas que permanece a ela conectado pela comunicação móvel baseada na telefonia celular e nos microcomputadores portáteis. A isso se associa a ideia do *telecommuting* e a *internet*, em que uma gama cada vez mais diversificada e densa de serviços *on-line* são oferecidos mudando o modo como se realiza o trabalho no mundo moderno.[14]

Trabalhando com a escala mundial, Laurent Carroué afirma que, no que concerne às metrópoles e à economia-arqui-

---
12 Ibidem, p.35-8.
13 Ibidem, p.37-8.
14 CARLOS, A. F. A. *O lugar no/do mundo*. São Paulo: Hucitec, 1996, p.34.

pélago, formada pelas cidades globais, nos países subdesenvolvidos há explosão de um processo de "metropolização", sem bases sólidas para sua existência, que:

> acumula disfuncionamentos: déficit em atividades e empregos modernos em face do peso do setor informal, déficit habitacional em face da explosão das periferias de favelas e ocupações ilegais, [o que retarda] os equipamentos coletivos energéticos (eletricidade), de transporte e de higiene (poluição, dejetos, saneamento, água potável).[15]

Para esse autor, as diferentes formas de metropolização não são equivalentes. Diferentemente dos países desenvolvidos e dos dragões asiáticos:

> a urbanização no Terceiro Mundo se desenvolve muito frequentemente sem verdadeiro desenvolvimento econômico, sem política real de planejamento e sem implantação de infraestruturas porque ela reflete as relações mundiais de dominação geoeconômica.[16]

Como base das economias mundiais, as metrópoles situadas no coração da economia capitalista são "espaços motores da mundialização cuja trama, as redes e a hierarquia fundamentam um dispositivo de escalas espaciais locais, regionais, nacionais, continentais e mundiais". Sempre ficam supervalorizadas as maiores metrópoles dos países mais desenvolvidos, os "centros de poder que juntam os polos de comando e de gestão política, econômica, industrial e financeiros", os "nós privilegiados da circulação de riquezas, de pessoas, de saberes e de informações (portos, aeroportos, telecomunicações, pesquisa e inovação...)". Quer dizer, essas metrópoles funcionam como "espaços diretos da produção e da reprodução" por causa de sua "capacidade de articular as interconexões

---

15 CARROUÉ, L. *Géographie de la mondialisation*. Paris: Armand Colin, 2002, p.217.
16 Ibidem.

entre os diferentes atores mundiais e entre as escalas geoeconômicas nacionais, continentais e mundiais nas quais elas se inserem".[17]

Para Carroué, as cidades globais funcionam:

> como lugares dos centros dos poderes contendo os polos de comando e de gestão políticos, econômicos, industriais e financeiros, [como] nós privilegiados da circulação das riquezas, dos homens, dos saberes e das informações (portos, aeroportos, telecomunicações, pesquisa e inovação...).[18]

Enfim, como espaços diretos da produção e da reprodução, tanto das mercadorias quanto de parte da força de trabalho com alta capacidade de especialização.

Apesar dos problemas de avaliação do peso das metrópoles no processo de globalização, estima-se:

> que a produção da metrópole de Tóquio é equivalente à da totalidade do Reino Unido e duas vezes aquela do Brasil. Isso não é nada surpreendente porque se sabe que a megalópole japonesa espalha-se por 10% do território nacional, onde se acumula metade da população e 65% do PNB japonês.[19]

No caso brasileiro, metade da produção industrial do país está no estado de São Paulo, onde, por sua vez, um terço da produção está na área da metrópole São Paulo, o que demonstra o caráter altamente concentrador do atual modelo capitalista de produção. As comparações entre os dados dos países desenvolvidos e aqueles dos países subdesenvolvidos são importantes para se compreender a distância entre as capacidades de produção de riquezas de uns e de outros e a concentração territorial da produção em pequenas parcelas de seus territórios.

---

17 Ibidem.
18 Ibidem.
19 Ibidem, p.219.

Utilizando, mais uma vez, o livro de Saskia Sassen, lembramos que a corporação transnacional é hoje uma organizadora estratégica daquilo que denominamos economia mundial. Isso pode ser comprovado pelo aumento dos investimentos estrangeiros diretos que, nas últimas décadas, têm como origem os países mais desenvolvidos – que se resumem, praticamente, a uma dezena de países – (45% de capitais provenientes do setor industrial e 50% do setor terciário) e como destino os mesmos países, que constituem os mais fortes blocos econômicos do planeta (por exemplo, 60% dos investimentos em atividades industriais e 48% dos investimentos no setor terciário ocorrem nos Estados Unidos, em alguns países da União Europeia, como Reino Unido, França, Alemanha e Itália, e no Japão).

É neste ponto que precisamos ver como as grandes corporações industriais, de comércio e de serviços se organizam e espalham seu poder de atuação por diferentes países.

## Sistemas produtivos contemporâneos

As empresas multinacionais formam o vetor privilegiado da mundialização da economia por causa, sobretudo: a) do crescimento rápido do investimento direto internacional; b) do grande movimento do comércio intraramo e intragrupo das trocas, ou seja, entre estabelecimentos do mesmo grupo empresarial e entre estabelecimentos de grupos empresariais diferentes; e c) do desenvolvimento das subcontratações que ocorrem tanto no nível nacional quanto no internacional.

Uma das características dos sistemas produtivos atuais é a diferenciação das estratégias das grandes firmas oligopolísticas, que têm por objetivo a apropriação rápida e eficaz do mercado, ou seja, é preciso "captar todas as ocasiões para adquirir partes do mercado, sendo mais rápido que os concorrentes". Exemplo de estratégia são as "fusões-aquisições e as operações de crescimento externo nos investimentos", o que significa concorrência do tipo oligopolística.[20]

Para a exposição dos próximos parágrafos, vamos nos basear na obra de Georges Benko, que vai buscar as causas das mudanças nos sistemas produtivos atuais. Para ele, "desregulação dos monopólios, privatização, legislação visando limitar o alcance e a eficácia da ação sindical e transformar em mercadoria a proteção social"[21] são as principais transformações ocorridas nas três últimas décadas do século XX, transformações básicas para se compreender a articulação das forças produtivas.

As mudanças foram motivadas pela crise do fordismo, uma vez que:

> a demanda de bens produzidos em série estagnou num período em que os mercados nos países adiantados estavam saturados e no momento em que os consumidores procuravam bens mais diversificados e apelavam para uma concepção mais elaborada.[22]

Foram organizadas novas formas de produção que, na literatura acadêmica, são agrupadas sob a denominação de *produção flexível*. Esta se caracteriza pelo "desenvolvimento e difusão de máquinas e sistemas de equipamentos mais flexíveis",[23] o que facilita a transmissão eletrônica de dados.

A eliminação das estruturas rígidas na organização interna da empresa e nas relações de comunicação e de transferência de tecnologia entre empresas diferentes, associada com a desregulamentação das relações de trabalho, facilitou a transferência de mão de obra entre empresas e territórios dife-

---

20 VELTZ, P. Firmes globales et territoires: des rapports ambivalents, In: SAVY, M.; VELTZ, P. *Économie globale et réinvention du local*. Paris: Éditions de l'Aube, 1995, p.28-9.
21 BENKO, G. *Economia, espaço e globalização*. São Paulo: Hucitec, 1996, p.106.
22 Ibidem, p.115.
23 Ibidem, p.116.

rentes, propiciando a incorporação tecnológica nos processos produtivos e a diminuição do preço do trabalho. Os trabalhadores têm de ser "adaptáveis, flexíveis e, se necessário, geograficamente móveis".[24]

Outra característica das mudanças no sistema de produção é o aumento da diferença entre a renda dos trabalhadores e a dos capitalistas, e a maior distinção entre produtos, decorrente da velocidade acelerada no processo de inovação da produção (incorporação cada vez mais rápida da tecnologia em lançamentos), o que provoca o encurtamento do ciclo de vida dos produtos (substituição em prazos cada vez mais curtos).

Como exemplo, podemos citar as formas de divulgação da produção fonográfica. Lembramos que, no Brasil, o disco de acetato permaneceu no mercado desde o início do século XX até os anos 1960, quando foi substituído pelo disco de vinil, que permaneceu por cerca de trinta anos como produto bastante consumido. O disco de vinil, por sua vez, foi substituído no início da década de 1990 pelo CD (Compact Disc) que já está sendo substituído pelo DVD.[25] Assim, os processos de inovação e de substituição de produtos, que equivalem ao envelhecimento mais rápido das tecnologias, ocorrem em períodos de tempo cada vez menores.

Os modos de produção, atualmente, vão se territorializar de forma diferente das grandes unidades produtivas do tipo fordista. Eles se localizam nos novos espaços industriais, que Georges Benko classifica da seguinte maneira:

1) regiões baseadas em atividades artesanais que foram revitalizadas por investimentos públicos ou inversões privadas; 2) com-

---

24 Ibidem, p.120.
25 DVD significa Digital Versatile Disc (antes denominado *Digital Video Disc*). Ele se caracteriza por conter informações digitais, tendo maior capacidade de armazenamento que o CD-áudio (Compact Disc com música, por exemplo) ou CD-ROM (Compact Disc – Read Only Memory), por sua tecnologia ótica superior, além de padrões melhorados de compressão de dados. (Fonte: Wikipedia. Acesso em novembro de 2006).

plexos de indústrias de ponta no ramo das novas tecnologias, como o Silicon Valley e o Orange County nos Estados Unidos; e 3) metrópoles que oferecem importantes concentrações de serviços prestados às empresas, principalmente àquelas consideradas grandes.[26]

Em geral, as indústrias *high tech* (setores de produção de alta tecnologia) localizam-se nas periferias das metrópoles, na área de influência dos centros comerciais e em enclaves das antigas cidades industriais, em áreas próximas de seu mercado potencial (consumidores de produtos com grandes inovações tecnológicas e usuários das redes de comunicação).

No caso brasileiro, a localização das indústrias de alta tecnologia é direcionada pela presença de universidades, de força de trabalho qualificada pelo mercado ou por organismos governamentais e paragovernamentais e pela capacidade de consumo. Essas condições estão presentes na metrópole global, que é São Paulo, na metrópole nacional, Rio de Janeiro, em metrópoles regionais, como Curitiba, Porto Alegre, Belo Horizonte e Goiânia, e em várias cidades de porte médio, situadas no Centro-Sul do país, como Campinas, São José dos Campos, São Carlos, Joinville e Uberlândia.

Essas cidades atendem aos vários requisitos para a localização das indústrias que têm, nas novas tecnologias, seu principal referencial de existência. Os requisitos podem ser assim resumidos:

1) Força de trabalho constituída por pessoal bem qualificado, com altos salários e constante mobilidade espacial (cientistas, engenheiros, administradores), de um lado, e por pessoal com pouca qualificação para os serviços e a fabricação rotineira, de outro.

---

[26] BENKO, G. *Economia, espaço e globalização*. São Paulo: Hucitec, 1996, p.125-7.

2) Universidades e institutos de pesquisa, responsáveis pelo ensino de nível superior, pela produção de ideias e por pessoal qualificado.

3) Qualificação do território, definida por ambiente moderno, com limpeza, segurança e equipamento de lazer compatíveis com as exigências da população qualificada.

4) Infraestrutura de transporte, representada pela existência de autopistas e aeroportos para deslocamentos e acessos rápidos de pessoas e de mercadorias, como é o caso das proximidades do Aeroporto Charles de Gaulle, na região parisiense, e, em escala menor, do eixo de desenvolvimento entre São Paulo, Campinas e São Carlos, no estado de São Paulo.

Os fatores apresentados mostram a conformação atual das redes de cidades, como foi discutido no capítulo anterior.

A eles une-se a ideia de economias de aglomeração, que não prescindem da proximidade de metrópoles e, portanto, de áreas com extensa urbanização, como são os casos de Boston, Los Angeles, Paris e São Paulo.

Somam-se ainda a fluidez do capital entre fronteiras e a persistência dos paraísos fiscais, onde grandes quantias extraídas dos países em desenvolvimento têm seus rendimentos garantidos ou, mesmo, segurança total como reserva de capital em moeda.

Trabalhando com a economia política da mundialização, Octavio Ianni afirma que:

> a reestruturação das atividades econômicas beneficia-se de dois fatores atuando conjugadamente: a rápida mudança tecnológica e a crescente integração financeira internacional. A consequente divisão internacional do trabalho pode beneficiar-se das variações regionais da infraestrutura tecnológica, condições de mercado,

relações industriais e clima político para realizar a produção global integrada e as estratégias de marketing.[27]

Ianni completa o raciocínio afirmando que: "o mundo transformou-se na prática em uma imensa e complexa fábrica, que se desenvolve conjugadamente com o que se pode denominar 'shopping center global'", porque se intensificou e

> generalizou-se o processo de dispersão geográfica da produção ... compreendendo o capital, a tecnologia, a força de trabalho, a divisão do trabalho social, o planejamento e o mercado.[28]

A complexa divisão internacional do trabalho, assim, envolve "o fordismo, o neofordismo, o toyotismo, a flexibilização e a terceirização, tudo isso amplamente agilizado e generalizado com base nas técnicas eletrônicas". Assim, "mundializam-se as forças produtivas e as relações de produção".[29] Finalmente, as elites produtivas formam

> tecnoestruturas armadas de recursos científicos e tecnológicos, em condições de produzir informações, análises, diagnósticos, prognósticos, diretrizes e práticas relativos a diferentes problemas e desafios, em escala mundial [formando-se uma cultura da] razão instrumental, técnica ou subjetiva.[30]

As transformações nos sistemas produtivos contemporâneos podem ser explicadas por meio de algumas metáforas que permitem a exemplificação dos traços fundamentais, na atualidade, das configurações e das dinâmicas da sociedade global.[31] A primeira delas é a *aldeia global*, uma expressão que lembra a globalidade de ideias, padrões de produção e comportamento e valores socioculturais, pois:

---

27 IANNI, O. *Teorias da globalização*. Rio de Janeiro: Civilização Brasileira, 1996, p.36.
28 Ibidem, p.47.
29 Ibidem, p.53.
30 Ibidem, p.79.
31 As metáforas apresentadas estão no livro de Octavio IANNI citado na nota anterior. As citações foram retiradas da Introdução, p.13-23.

a imprensa, a mídia eletrônica, passa a desempenhar o singular papel intelectual orgânico dos centros mundiais de poder. ... [É] como se cada indivíduo passasse a ser elo de múltiplas redes de comunicação, informação, interpretação, divertimento, aflição, evasão.[32]

É como se existisse uma "comunidade mundial" caracterizada pela harmonização e pela homogeneização progressivas, num momento em que se empacotam "e vendem-se" as informações.

Outra metáfora é a *fábrica global*, que:

sugere uma transformação quantitativa e qualitativa do capitalismo além de todas as fronteiras, subsumindo formal ou realmente todas as outras formas de organização social e técnica do trabalho, da produção e reprodução ampliada do capital.[33]

Essa transformação tem como causa e consequência a concentração e a centralização do capital nos principais núcleos do poder, que são, em última análise, as cidades globais.

Uma terceira metáfora é a da *nave espacial*,[34] que lembra que uma das consequências da modernidade, na época de globalização, é o declínio do indivíduo em decorrência da racionalidade instrumental.

Finalmente, há a *Torre de Babel*,[35] remetendo a um espaço caótico, em que se revela o trágico futuro determinado pela globalização e pela disseminação e aceitação de uma língua universal, que é o inglês (ver o item *Cultura da internet*, no Capítulo 2).

O arranjo dos sistemas produtivos contemporâneos exige a existência de uma logística de transportes e de circulação

---

32 IANNI, O. *Teorias da globalização*. Rio de Janeiro: Civilização Brasileira, 1996, p.16-7.
33 Ibidem, p.17.
34 Ibidem, p.19-20.
35 Ibidem, p.21-4.

eficiente para facilitar o deslocamento das pessoas, das mercadorias e dos capitais.

Isso pode ser exemplificado pelo que Savy considera o "encurtamento do ciclo de rotação dos capitais ... e a sujeição mais estreita da fabricação ao mercado ... [que] reforça o papel organizacional, até mesmo estratégico, da função logística".[36]

Para esse autor,

> a gestão logística toca, doravante, todas as etapas da produção e do consumo e tende a reuni-las em um processo integrado: aprovisionamento, fabricação, distribuição, consumo, recuperação das perdas, reciclagem.[37]

Nesse quadro de otimização logística, a "geografia dos fluxos é talvez mais esclarecedora para dar conta das trocas e, portanto, da interdependência entre regiões, que a usual geografia dos lugares".[38]

Finalmente, para completar esse raciocínio, Savy afirma que:

> a centralização dos lugares de fabricação e de estocagem alimenta a polarização organizacional das redes, assim como sua simplificação pela diminuição do número de sítios e de degraus intermediários ... [pois a]polarização espacial das organizações logísticas vem, assim, se inscrever em um movimento geral de organização dos territórios em rede, que enfraquece a noção de distância geográfica em prol daquela de proximidade organizacional, temporal e topológica dos nós multifuncionais que são as grandes metrópoles.[39]

A expressão geográfica das mudanças na localização dos elementos do sistema produtivo passa pela necessidade im-

---

36 SAVY, M. Morphologie et géographie des réseaux logistiques. In: SAVY, Michel, VELTZ, Pierre. *Économie globale et réinvention du local*. Paris: Éditions de l'Aube, 1995, p.85.
37 Ibidem, p.85-6.
38 Ibidem, p.86.
39 Ibidem, p.91-3.

perativa de se estabelecer parâmetros de competitividade entre as empresas e os lugares. Isso força as empresas a se adaptarem continuamente de acordo com as mudanças conjunturais econômicas e tecnológicas, com procedimentos simples e baratos, mudando sua capacidade produtiva e as relações com outras empresas por meio de contratos de subcontratação ou de terceirização da produção.

Para André Fischer, os ajustamentos funcionais das empresas se devem a alguns fenômenos: a) "as diferentes categorias de funções não têm os mesmos comportamentos no espaço geográfico; b) os custos de localização são variáveis ... e a cidade é um meio caro" e apenas as empresas que conseguem agregar grandes valores às mercadorias podem se instalar ou permanecer nela, o que implica, diretamente, a constatação de que, c) finalmente, "os custos salariais e o custo da reprodução da força de trabalho podem ser um peso muito grande no custo total da produção",[40] o que pode provocar o deslocamento das empresas para áreas mais periféricas das grandes cidades ou meios geográficos mais favoráveis, dependendo das condições infraestruturais estabelecidas nessas regiões, como já foi demonstrado no início deste capítulo.

Para esse autor, as condições transformam o espaço geográfico em elemento estratégico para a localização das atividades produtivas e, por consequência, em território da sociedade informática.

As mudanças ocorrem, até mesmo nas denominações das profissões, devidamente regulamentadas, que se tornaram típicas do período atual (que Milton Santos chamou de período técnico-científico-informacional). Segundo Silva,[41] algumas

---
40 FISCHER, A. *Industrie et espace géographique*. Paris: Masson, 1994, p.82.
41 SILVA, A. M. B. *A contemporaneidade de São Paulo*: produção de informações e novo uso do território brasileiro. São Paulo, 2001. Tese (Doutorado) – Universidade de São Paulo.

dessas profissões, com seus respectivos campos de atuação, são: técnico de telecomunicações (setor de telecomunicações), operador de câmbio, corretor de bolsas de valores ou de mercados de capitais (mercado financeiro), consultor científico, consultor jurídico, designer, agente de marketing (setor daqueles que apoiam os negócios empresariais), analista de sistemas, operador de computador, digitador (setor de tecnologia da informação), economista, psicólogo, assistente social (na administração de recursos humanos), engenheiro de tráfego, controlador de qualidade, decorador, paisagista (no setor de engenharia e arquitetura) e químico agrícola, zootécnico, ecólogo, agente de viagens, fisioterapeuta e nutricionista (em outras especialidades).

As articulações que se referem aos espaços de implantação das atividades mais modernas de produção de mercadorias, principalmente aqueles definidos pela cidade, podem ser resumidas no esquema da Figura 4.

## O que é sociedade informática

Os sistemas produtivos contemporâneos são causa e efeito da sociedade informática. Não se pode compreender a complexa sociedade contemporânea sem compreender como as pessoas se organizam para se apropriar da natureza e transformá-la em suas múltiplas possibilidades.

Para desenvolver esse tema, nos apoiaremos no trabalho de Emmanuel Négrier e no de Adam Schaff. O primeiro afirma que a "acumulação de inovações técnicas pode ser considerada um dos quadros privilegiados da nova sociabilidade urbana", o que provoca a emergência de "novos atores", promotores dessas ferramentas e do lugar singular da comunicação à distância nas relações interpessoais, políticas e urbanas".[42] Isso se torna possível em decorrência dos "novos tipos de estratificação social, por exemplo, entre os que sabem e os que não sabem, e novas alianças entre, por exemplo, os cientistas, os militares e os governantes".[43]

**FIGURA 3 – ESQUEMA DE IMPLANTAÇÃO DAS ATIVIDADES PRODUTIVAS DE ACORDO COM A DIMENSÃO ESTRATÉGICA DO ESPAÇO GEOGRÁFICO, SALIENTANDO-SE, PRINCIPALMENTE, AS CIDADES COMO MEIOS DE LOCALIZAÇÃO. ADAPTADO DE FISCHER, *INDUSTRIE ET ESPACE GÉOGRAPHIQUE*, P.86.**

Para Adam Schaff:

> a perspectiva de as empresas multinacionais conquistarem não apenas o monopólio da informação, mas também a capacidade dominante para a exploração desta [é uma demonstração de que já estamos] em meio a uma acelerada e dinâmica revolução da microeletrônica ... a começar pelos objetos de uso cotidiano ... e os mais diversos utensílios domésticos.[44]

---

42 NÉGRIER, E. Espaces urbains et sociétés de communication. *Espaces et Sociétés*. Paris: L'Harmattan, n.87, 1997, p.59-80.
43 SCHAFF, A. *A sociedade informática*. São Paulo: Unesp/Brasiliense, 1990, p.10.
44 Ibidem, p.11 e 21.

A atual Revolução Industrial caracteriza-se pelas numerosas possibilidades de aplicação dos computadores em diferentes ramos das indústrias e nas modernas técnicas de guerras. Nas Revoluções Industriais anteriores, os passos foram os seguintes: inicialmente, a tarefa foi "substituir na produção a força *física* do homem pela energia das máquinas"; em seguida, o processo "consiste em que as capacidades *intelectuais* do homem são ampliadas e inclusive substituídas por autômatos"[45] (por exemplo, engenharia genética).

> A diferença, porém, está em que, enquanto a primeira revolução conduziu a diversas facilidades e a um incremento no rendimento do trabalho humano, a segunda, por suas consequências, aspira à eliminação total deste.[46]

Por revolução energética, Schaff entende a substituição das fontes atuais de energia e o aproveitamento das possibilidades da energia solar e geotérmica. Tudo isso forma uma tríade revolucionária, formada pela Microeletrônica, pela Microbiologia e pela energia nuclear. As novas fontes de energia propiciam, com vantagens:

> [a] automação e a robotização ... que provocarão grande incremento da produtividade e da riqueza social. Por outro lado, os mesmos processos reduzirão, às vezes de forma espetacular, a demanda de trabalho humano ... [de modo que] se a sociedade se enriquece com a nova revolução industrial, consequentemente ela deve arcar com os custos do incremento do desemprego estrutural derivado desta revolução.[47]

Mesmo assim, algumas incertezas, consequências das mudanças provocadas pelas novas tecnologias que caracterizam as cidades contemporâneas, precisam ser relacionadas.

---
45 Ibidem, p.21.
46 Ibidem.
47 Ibidem, p.35.

Voltando a dialogar com Négrier, lembramos que há três níveis que comprovam as incertezas citadas. Em um primeiro nível, é preciso compreender que a regulamentação pode ser afetada pela produção tecnológica.

Assim, é preciso uma regulamentação pública para uma adaptação em marcha forçada às novas condições trabalhista e tecnológica, que têm, em comum, o fato de privilegiar diferentes e segmentados aspectos do desenvolvimento. Um segundo nível de preocupação concerne às organizações, públicas ou privadas, que concorrem para a difusão das redes de comunicação e dos mais variados serviços, nos centros urbanos, sobretudo os metropolitanos, mudando as relações territoriais e a localização de entidades de bens e serviços na cidade. Finalmente, há muita incerteza quanto às noções de uso do espaço urbano, quando se trata da cidade contemporânea, por causa das novas formas que ela vai tomando, acentuando-se a descontinuidade na malha urbana e o surgimento de vias de circulação rápida em áreas com dificuldades de trânsito, por exemplo.

Esses níveis de compreensão das telecomunicações na cidade remetem a uma geometria variável porque o desenho da cidade contemporânea que se conforma é consequência da fixidez de certa estrutura anteriormente implantada (como as redes de telefones e as antenas de telefones celulares), condicionante do que é implantado posteriormente. As redes de TV a cabo são um exemplo da superposição de novos usos na cidade condicionados por usos anteriormente implantados. As redes de cabeamento são instaladas seguindo as vias de circulação e, muitas vezes, em consórcio com as redes de eletricidade, sendo utilizados os postes verticais existentes. Essas redes acabam por condicionar a infraestrutura utilizada, e residências e construções com uso comercial (hotéis, por exemplo) se beneficiam da disseminação, pela cidade, desse tipo de equipamento.

Poderíamos ir além nas exemplificações, abordando outros casos, como as rádios locais privadas, aquelas que se utilizam tanto das faixas AM quanto das faixas FM, e as rádios comunais,[48] propagadoras de diferentes tipos e níveis de informação, com uma agilidade no tempo pouco considerada nos estudos sobre a mídia.

Essa lógica que se consagrou não só pelo avanço tecnológico nas comunicações por rádio e por telefonia fixa tem um elemento contraditório, uma vez que a telemática repousa sobre uma lógica territorial estranha a toda localização consolidada pelas dinâmicas do sistema fordista de produção industrial.

O acesso à informação é, na atualidade, uma condição vital para a sociedade; e ela mesma (a informação) se torna fonte estratégica para o desenvolvimento de empresas industriais e para a adaptação, na sociedade informática, das pessoas às transformações contemporâneas observáveis, principalmente nas metrópoles e nas cidades intermediárias.

Em reunião ocorrida em Genebra, em 2003, a Cúpula Mundial sobre a Sociedade da Informação (CMSI), solicitada pela ONU e intitulada União Internacional das Telecomunicações, contou com a presença de chefes de Estado, empresários, pesquisadores e observadores da sociedade civil, os quais chegaram à conclusão de que as redes de informática serão os canteiros de obras do século XXI, embora demonstrem estar, por causa da complexidade da sociedade informática, cada vez mais imperfeitas em termos de infraestrutura e usos.

A possibilidade de um *cibermundo* democrático e aberto a todos não é garantia de acesso geral e irrestrito à internet e,

---

48 Emissoras de rádio (em frequência AM ou FM) que têm como objetivo transmitir notícias e entretenimentos voltados apenas para comunidades próximas (bairros nas grandes cidades, por exemplo), não podendo veicular propaganda de qualquer tipo. Sua manutenção deve ser feita pela própria comunidade (que pode ser de um bairro ou de uma tendência religiosa).

no limite, ao mundo da informação. Daí a grande preocupação: com os problemas básicos de logística, como organizar esse mundo, se a capacidade de armazenagem é pequena diante da quantidade incomensurável de informações produzidas e colocadas na internet diariamente, em ordem geométrica em relação à própria capacidade de processamento por parte dos usuários, os quais se perdem, de modo geral, em meio a tantas possibilidades de fontes, cruzamentos e resultados.

Segundo o *França Flash*, jornal informativo do CenDoTec (Centro Franco-Brasileiro de Documentação Técnica e Científica), a capacidade dos discos rígidos dos computadores é duplicada no período médio de nove meses. Com essa velocidade de inovação, em 2005 a capacidade dos discos rígidos atingiu a cifra do *terabyte* (1 *Terabyte* = 1.000 *gigabytes*). Isso é tão considerável quanto o fato de que a quantidade média, por pessoa e por ano, de informação produzida já superou, nesse mesmo ano, a quantidade de 400 *gigabytes*, o que equivale a uma multiplicação ainda mais rápida da necessidade de armazenamento em páginas da *web*, em níveis nunca vistos anteriormente.

A solução está, enfim, na produção de *chips*[49] de DNA, de diversos materiais no ramo da nanotecnologia e de memórias holográficas.[50] As informações do *França Flash* adiantam

---

49 **Chip** corresponde a um **circuito integrado**, que é um dispositivo microeletrônico que consiste de muitos transístores e outros componentes interligados capazes de desempenhar muitas funções. Suas dimensões são extremamente reduzidas e os componentes são formados em pastilhas de material semicondutor. Por sua vez, o acrônimo em inglês **DNA** significa *deoxyribonucleic acid*. O DNA é a molécula orgânica que, quando transcrita em RNA, tem a capacidade de codificar proteínas. Tem a forma parecida com uma escada espiral cuja disposição dos *degraus* se dá em quatro partes moleculares diferentes. Esta disposição constitui as chamadas *quatro letras do código genético*. (*Fonte*: Wikipedia, acesso em novembro de 2006).

50 Esse termo se aplica à possibilidade de se produzir, com a utilização de chip, uma forma de visualizar ou projetar imagens em três dimensões. Essa técnica fotográfica já é utilizada pela física desde 1948, quando seu método foi introduzido pelo húngaro Denis Gabor, ganhador do Prêmio Nobel de Física em 1971. (*Fonte*: Wikipedia, acesso em novembro de 2006).

que, quando de seu início e dos primeiros trechos de sua projeção, não se previa que a internet fosse utilizada nas dimensões atuais, ou seja, ela não foi projetada para um número tão grande de usuários.

A essa situação, soma-se o fato de que os internautas da atualidade poderão mudar de comportamento e se tornar cada vez mais móveis no espaço, com o objetivo de diminuir o tempo na utilização das redes de computadores para a transmissão de informações e para a aquisição de novos hábitos. Por essas razões, a rede de internet, com os materiais disponíveis e com a organização atual, não atende a essas necessidades, e o acesso à rede vai se tornando, aos poucos, difícil para grande número de pessoas.

Na China, em 2004, houve segregação no acesso à internet porque o país não contava com os recursos necessários: se, para um PIB que cresceu, em 2003, por volta de 14%, a necessidade da informática cresceu em proporção maior, o acesso real das pessoas a esse tipo de organização que ultrapassa fronteiras ficou limitado a uma pequena e selecionada porcentagem da população, exatamente aquela que está ligada aos principais pontos de acesso à rede.

Com a necessidade crescente de acesso, cresce, proporcionalmente e em razão indireta, o conjunto de incertezas dos especialistas no assunto. Para eles,

> enquanto a nova sociedade não se consolida, nós a vemos como aquela que deve possibilitar a autodeterminação do indivíduo e dos povos, tendo como finalidade maior permitir o acesso e a capacidade de utilização plena da informação e do conhecimento, veiculados pelos canais de comunicação e infraestrutura em rede.[51]

No entanto, mesmo que haja uma preocupação com a democratização na sociedade informática, objetivando "a qua-

---

51 ZEITOUN, C. Sociedade da informação: o canteiro de obras do século. *França Flash*. São Paulo: CenDoTec, n.38, abr./jun.2004, p.7.

lidade de vida, o desenvolvimento individual, o coletivo dos cidadãos e também uma nova forma de gestão da economia e do governo",[52] chamada de *e-commerce* e *e-government*, é preciso, como agenda para um futuro que já começou, adequar os diferentes

> aspectos de logística; aspectos estruturais da rede; aspectos econômico-políticos de centralização e monopólio; segurança para garantir a propriedade intelectual e individual; mas, sobretudo, todos os aspectos éticos e de inclusão que possibilitem a participação de todos na nova estrutura e na nova ordem econômica e de comunicação.[53]

Nesse tipo de abordagem, é possível compreender o conjunto de contradições que já está presente na estruturação das redes de informação. Em uma sociedade que não pode ser concebida sem a predominância das relações capitalistas de produção e, portanto, que não pode ser compreendida sem suas contradições, desigualdades e injustiças. Pregar o desenvolvimento individual e coletivo e, ao mesmo tempo, externar a preocupação com a segurança da propriedade intelectual e individual é expor as contradições na proposta de democratização e, muito mais contraditoriamente, consolidar as desigualdades, respaldadas muitas vezes em um discurso igualitário que não tem possibilidade de se realizar nas condições atuais das relações de produção.

Mas vamos continuar com as características da sociedade informática. Os especialistas no assunto, técnicos da CMSI[54]

---

52 Ibidem.
53 Ibidem.
54 A Nova Ordem Mundial da Informação e Comunicação é um projeto internacional de reorganização dos fluxos globais de informação por meio de diversas ações de governo e do terceiro setor. Na resolução 56/183 de 21 de dezembro de 2001 da Assembleia Geral das Nações Unidas, aprovou-se a celebração da *Cumbre Mundial sobre la Sociedad de la Información* (*CMSI*) em duas fases. A primeira foi celebrada em Genebra de 10 a 12 de dezembro de 2003 e a segunda ocorreu em Túnis de 16 a 18 de novembro de 2005. (*Fonte*: <http://www.google.com>, acesso em novembro de 2006.)

citados em texto publicado na revista *França Flash*, afirmam que, para a internet sobreviver e continuar sendo uma estrutura útil para a sociedade, sua "arquitetura" terá de ser revista para, cada vez mais, oferecer segurança nas comunicações. O principal defeito da infraestrutura digital residiria no fato de ela ser vulnerável e volátil: qualquer arquivo pode ser destruído, falsificado, copiado, porque nada pode ser considerado original, mas um conjunto incomensurável de clones disseminado pelas redes.

Para comprovar essa preocupação, os técnicos informam que, em 2003, em todo o planeta, houve vinte mil ataques bem-sucedidos, por mês, incluindo aparição de vírus, ações de espionagem industrial, realização de fraudes financeiras ou ações de sabotagem, que provocaram prejuízos aproximados de 250 milhões de dólares às vítimas.

O pessimismo dos analistas amplia-se quando são considerados a grande mobilidade das máquinas e o surgimento constante e diário de tipos e modalidades de aparelhos que veiculam informações. Por exemplo, sabe-se da possibilidade de as informações trocadas entre os usuários passarem dos meios dominados pelos computadores para os telefones celulares e para outras máquinas móveis que poderão ser inventadas.

Em contrapartida, há perspectivas promissoras. O carregamento do acervo de museus em sítios de amplo acesso, as teleconferências, as aulas à distância (educação virtual) podem facilitar o acesso de um número cada vez maior de pessoas, como já se propunha quando da criação da Arpanet (ancestral da internet, criada nos Estados Unidos, em consórcio da Nasa com várias universidades, e, depois, privatizada. Ver Capítulo 2).

Não podemos nos esquecer, no entanto, de que, em uma sociedade contraditória como é a atual (considerando-se o predomínio do modo capitalista e a incorporação dos resultados do trabalho em outros modos de produção), o acesso de todas as pessoas a todos os equipamentos da sociedade informática é uma possibilidade ainda inviável e impossível. Mesmo assim, já se trabalha com computadores que operarão nas chamadas "redes em estados quânticos", cujo protótipo se espera produzir em um período de dois anos. A preocupação está em conseguir neutralizar eventuais rajadas de fótons "mal-intencionados", em outras palavras, os furacões quânticos desencadeados pelos *crackers*, porque o mundo digital é considerado, antes de mais nada, sujo, e cada usuário da internet deixa, por toda parte, rastros virtuais de sua presença ou de sua atividade. Enfim, é em nome da segurança na produção e na apropriação (pelo indivíduo ou pela empresa, muito mais que pelos indivíduos em fase de democratização da sociedade) da informação que se trabalhará nos próximos anos.

A situação torna-se mais clara quando se sabe que a atribuição e a gestão dos diferentes nomes de domínios na internet (como .org, .com e .net, por exemplo) estão reservadas à Internet Corporation for Assigned Names and Numbers (ICANN),[55] companhia de estatuto "sem fins lucrativos" sediada na Califórnia, mas controlada pelo governo dos Estados Unidos.

O Centre National de Recherches Scientifiques (CNRS – Centro Nacional de Pesquisas Científicas), da França, divulga a informação de que o poder do governo norte-americano é

---

55 A ICANN – Internet Corporation for Assigned Names and Numbers (órgão mundial responsável por estabelecer regras do uso da internet ) é uma entidade sem fins lucrativos e de âmbito internacional, responsável pela distribuição de números de "Protocolo de Internet" (IP), pela designação de identificações de protocolo, pelo controle do sistema de nomes de domínios de primeiro nível com códigos genéricos (gTLD) e de países (ccTLD) e com funções de administração central da rede de servidores. Esses serviços eram originalmente prestados mediante contrato com o governo dos Estados Unidos da América, pela Internet Assigned Numbers Authority (IANA) e outras entidades. A ICANN hoje cumpre a função da IANA (*Fonte*: <http://www.google.com>, Acesso: em novembro de 2006.)

tal que eles exercem domínio além de suas fronteiras, chegando, por exemplo, a congelar o ".af" do Afeganistão e o ".iq" do Iraque, em uma ação direta contra a soberania dos dois países.

O espectro do mundo em constante vigilância, prenunciado por George Orwell em seu romance *1984*, ainda não deixou de pairar sobre o planeta.

Nas páginas anteriores, pôde-se ver que o texto conteve inúmeras palavras em forma de siglas, em inglês ou decorrentes da utilização da língua inglesa. Essa constatação remete a outro aspecto da sociedade informática, que é a universalização do inglês como o idioma oficial do período da chamada globalização. Para completar nosso raciocínio, sugerimos ao leitor remeter-se, de volta, ao item Cultura da internet, no Capítulo 2. Acreditamos que a liberdade de ir e vir na leitura desse texto possibilita o cruzamento das ideias e dos exemplos apresentados, permitindo ao próprio leitor a formação de opinião e de deduções que, com certeza, podem enriquecer sua reflexão.

FIGURA 4 – NO MAPA, ESTÁ REPRESENTADA UMA PROJEÇÃO, PARA 2015, DA PROPORÇÃO ENTRE O NÚMERO DE USUÁRIOS DA INTERNET EM CADA PAÍS, IDENTIFICADOS PELAS CORES DE SUA BANDEIRA. NOTE-SE QUE AS DISTORÇÕES NOS CONTORNOS DOS PAÍSES SÃO PROPOSITAIS. EMBORA SEJA MANTIDA A FORMA DE CADA UM, CRIARAM-SE EFEITOS VISUAIS DE COMPARAÇÃO. COMO O MAPA APRESENTA UMA PROJEÇÃO, O FENÔMENO, EM 2015, PODE NÃO SE CONCRETIZAR EXATAMENTE DA MESMA FORMA. DISPONÍVEL EM: <HTTP:WWW.CYBERGEOGRAPHY.ORG>,ACESSO EM: MAIO DE 2004.

# 4 Cidades em rede

Este capítulo tem por objetivo mostrar a complexidade da articulação, em diferentes escalas, da internet (leia-se, por exemplo, redes de fibras ópticas), que incorpora distintos grupos de cidades (desde as metrópoles até as cidades menores, às vezes chegando, mesmo, ao campo), com uma abordagem da velocidade do tempo e do "encolhimento" do espaço.

O objetivo será alcançado quando se concluir que as metrópoles são os mais complexos e verdadeiros aglomerados urbanos em rede. Para isso, faremos uma interlocução com autores já citados nos capítulos anteriores, como Manuel Castells, Ana Fani Carlos e Rogério Haesbaert, introduzindo dois selecionados, David Harvey e Milton Santos, entre outros.

Para completar, precisaremos abordar, também, as continuidades e rupturas na constituição da logística de informática, tendo como principais nós da rede as cidades que se constituíram, historicamente, para esse fim.

O cruzamento deste capítulo com itens apresentados nos anteriores pode ser feito pela relação entre as mudanças na noção de velocidade do tempo e a constituição das redes logísticas, principalmente com seus componentes no período técnico-científico-informacional, baseado na importância do papel da informática nos processos produtivos.

## O que é metrópole

Discutir o que é o espaço urbano é necessário para se introduzir a temática das cidades em rede. Para tal propósito, vamos dialogar com Ana Fani Carlos que, ao estudar as transformações urbanas em São Paulo causadas pela intervenção pública na construção do prolongamento da avenida Faria Lima, parte do conceito de espaço para explicar o papel dos diferentes atores e sua capacidade de intervenção.

Para essa autora,

> se, de um lado, o espaço é um conceito abstrato, de outro tem uma dimensão real e concreta como lugar de realização da vida humana, que ocorre diferencialmente no tempo e no lugar e que ganha materialidade por meio do território.[1]

A forma da metrópole é a manifestação atual do processo em que se realiza, continuamente, a cidade, a qual comparece como "categoria central da análise ao revelar a materialização do processo histórico de produção do espaço geográfico".[2]

Além disso,

> o espaço contempla dupla dimensão: de um lado, é localização; de outro, encerra, em sua natureza, um conteúdo social, dado pelas relações sociais que se realizam em um espaço-tempo determinado, aquele de sua reprodução na sociedade.[3]

Com outra base filosófica, Milton Santos inicia sua exposição sobre o tempo e o espaço diferenciando as palavras evento, momento, instante e ocasião. Para ele, que define o

---

1 CARLOS, A. F. A. *Espaço-tempo na metrópole*. São Paulo: Contexto, 2001, p.11.
2 Ibidem.
3 Ibidem, p.12.

espaço "como um conjunto indissociável de sistemas de objetos e de sistemas de ações":[4]

> se consideramos o mundo como um conjunto de possibilidades, o evento é um veículo de uma ou algumas dessas possibilidades existentes no mundo. Mas o evento também pode ser o vetor das possibilidades existentes em uma formação social, isto é, num país, ou numa região, ou em um lugar, considerados esse país, essa região, esse lugar um conjunto circunscrito e mais limitado que o mundo.[5]

Milton Santos acredita que os eventos não se repetem e que cada ato difere do precedente e do seguinte, apresentando suas singularidades.

O movimento da sociedade pode ser apreendido, segundo esse autor, por meio de sua condição de comando pelo "uso diversificado do trabalho e da informação", pois

> considerando o tempo não apenas como transcurso ou intensidade, mas igualmente como extensão – ou espacialidade, dirão muitos –, ficamos perto de entender, de um ponto de vista geográfico, essa noção de extensão de um evento.[6]

Os eventos mudam, também, na expressão de sua extensão, a superfície de incidência, a área de ocorrência, a situação e sua extensão.

Aqui comparece, com grande nitidez, a noção de escala. Para Milton Santos, é importante distinguir a escala "das forças operantes" da escala "da área de ocorrência, a escala do fenômeno". A escala, neste ponto, deve ser compreendida como apreensão epistemológica do evento e de sua ocorrência, não se limitando apenas à possibilidade de representação cartográfica.

---

4  SANTOS, M. *A natureza do espaço*. São Paulo: Hucitec, 1996, p.18.
5  Ibidem, p.115.
6  Ibidem, p.119.

Parafraseando Whitehead, Milton Santos afirma que:

> a passagem dos eventos e a extensão de uns eventos sobre outros são as qualidades de que se originam, como abstrações, o tempo e o espaço [e, além do mais, é] através do evento que podemos rever a constituição atual de cada lugar e a evolução conjunta dos diversos lugares, um resultado da mudança paralela da sociedade e do espaço.[7]

Para finalizar, ele sustenta que as situações geográficas são criadas e recriadas ao se realizar "a continuidade temporal e a coerência espacial", porque "as formas asseguram a continuidade do tempo, mas o fazem pela sucessão dos eventos, que mudam o seu sentido".[8] Ou, ainda: "no espaço geográfico, se as temporalidades não são as mesmas para os diversos agentes sociais, elas todavia se dão de modo simultâneo",[9] mostrando a sincronia e a diacronia que revelam os eventos em seu papel de constituição dos fenômenos.

Enfim, para esse autor, o que dá universalidade aos eventos não é apenas seu acontecer, mas sua imbricação, porque há os níveis chamados de global e local, nos quais pode-se identificar a ocorrência dos eventos que, por sua vez, não podem ser enfocados isoladamente, sob o risco de se perder a noção da realidade.

Resumindo, ainda antes de ampliar a reflexão sobre a metrópole, lembramos do que François Ascher explicou:

> as metrópoles concentram também, de maneira crescente, as atividades estratégicas, identificadas pelas funções (informações, pesquisa, pesquisa-indústria, comércio atacadista, comercial-industrial), pelos setores de atividade (imprensa-edição, estudos de aconselhamento e assistência, administração pública, pesquisa e en-

---

7 Ibidem, p.124.
8 Ibidem.
9 Ibidem, p.126.

sino superior, indústria, comércio interindustrial) e pelas profissões (chefes de empresas, jornalistas, pesquisadores, engenheiros, arquitetos, médicos etc.).[10]

Para complementar esse raciocínio, podemos afirmar que a composição socioespacial das metrópoles exprime a concentração das riquezas e do poder econômico em poucos grupos empresarias e em poucas pessoas.

Para incorporar outras características da metrópole, vamos partir de algumas ideias expostas por Manuel Castells, relacionadas à estruturação da rede de internet, considerando-se o papel, principalmente, das metrópoles. Para ele,

> as principais áreas metropolitanas dependem de um eixo troncal constituído por uma rede de cidades conectadas em rede ... O uso da internet está claramente diferenciado em termos territoriais, e segue a distribuição desigual da infraestrutura tecnológica, a riqueza e a educação no planeta[11]

De acordo com o raciocínio desse autor, lembramos que, como consequência da incorporação cultural do uso dos computadores e da internet confirmando-se como característica importante do modo de vida urbano,

> o uso da internet está se difundindo rapidamente, mas essa difusão segue um modelo espacial que fragmenta sua geografia de acordo com a riqueza, a tecnologia e o poder: esta é a nova geografia do desenvolvimento. [Ademais] ... dentro de cada país também existem grandes diferenças espaciais na difusão do uso da internet; [nesse caso] ... a norma geral é a concentração metropolitana dos domínios da internet, especialmente nas principais áreas metropolitanas.[12]

---
10  ASCHER, F. *Metápolis*. Paris: Odile Jacob, 1995, p.22.
11  CASTELLS, M. *La galaxia internet*. Madrid: Areté, 2001, p.236.
12  Ibidem, p.237 e 248.

Em outras palavras, temos a consolidação de um conjunto de cidades que comportam pessoas que: 1) em suas atividades profissionais, ligadas às empresas privadas, produzem mercadorias para o consumo direto ou para a produção de outras mercadorias; 2) desenvolvem atividades de regulação, principalmente aquelas ligadas ao aparelho do Estado. Essas cidades, produzidas historicamente e cujo espaço se define pelas relações do modo capitalista de produção, estruturam-se, tanto internamente quanto entre elas, em forma de rede. Na territorialização dessa complexa ligação entre cidades e linhas (tanto as linhas que ligam as cidades entre si quanto aquelas que se desenvolvem dentro das cidades), temos a constituição de um espaço de relações que se diferencia dos parâmetros anteriores porque, como espaço seletivo, vai distinguindo as funções de cada um dos agentes sociais e, o que é muito mais preocupante, vai diferenciando as pessoas, fazendo surgir o que pode ser chamado de fenômeno dos *analfabites*, constituído por todos os excluídos da cultura da informática, ou seja, do uso cotidiano e do domínio mínimo da linguagem informática.

Como exemplo do que ocorre nas principais metrópoles do mundo (leia-se: o conjunto de metrópoles de onde parte o fluxo de informações que estimulam a circulação financeira e de mercadorias), pode-se afirmar que é seguindo o mesmo traçado das redes de água, ao longo das linhas ferroviárias, e acompanhando as rodovias que se instalam as redes de fibras ópticas. Esses dados demonstram a superposição de diferentes momentos da infraestrutura urbana que, muitas vezes, são ignorados completamente pelas pessoas que vivem e consomem a cidade.

Essas, no entanto, utilizam-se, a cada momento, dessa infraestrutura quando vão ao supermercado e fazem o pagamento com cartão de crédito, quando se comunicam por telefone, quando vão ao cinema e veem o filme que está sendo lançado em centenas de cidades ao mesmo tempo etc.

O desenvolvimento das redes tem três tipos de consequência: 1) sobre a extensão e os limites do território em que ela se desenvolve e se dinamiza; 2) sobre a extensão das malhas, o que significa sobre a amplitude do território em que ela está implantada; e 3) sobre a posição relativa de certos pontos, considerados nós (ou as principais cidades), em relação aos demais pontos da rede, que podem ter importâncias diferenciadas no conjunto global.

Essas consequências são definidas, em resumo, da seguinte maneira: 1) pela métrica ou pela acessibilidade que a rede pode conter; 2) pela capacidade e pela magnitude do crescimento e da dinâmica de uma rede, que "vão determinar o grau de seletividade dos serviços concernentes"; e 3) pela própria "evolução da arquitetura da rede [que] irá produzir novas nodalidades..."[13]

Para Milton Santos, é a informação que circula que vai ganhando a função de unir as partes mais distantes de um território e as partes diferenciadas de territórios diferentes, "para ser hoje o verdadeiro instrumento de união entre as diversas partes de um território", mediante regras geridas por pessoas e governos e localmente formuladas ou reformuladas. Nessa extensão territorial, como base dos acontecimentos que demonstram o papel dinâmico e o movimento da informação, tanto a cidade quanto o campo têm papel importante e, muitas vezes, complementam-se e se superpõem, em um processo que Santos chama de solidariedade.[14]

Essas características das redes têm como consequência o surgimento de uma nova geografia das redes (ver o item Geografia da internet, no Capítulo 3). Para Castells,[15] "nos países

---

13 OFFNER, J. Réseaux et dynamiques urbaines. In: PAQUOT, T.; LUSSAULT, M.; BODY-GENDROT, S. *La ville et l'urbain. État des savoirs*. Paris: La Découverte, 2000, p.140.
14 SANTOS, M. *A natureza do espaço*. São Paulo: Hucitec, 1996, p.133.
15 CASTELLS, M. *La galaxia internet*. Madrid: Areté, 2001, p.241.

mais desenvolvidos e nas áreas metropolitanas do mundo em vias de desenvolvimento, *na produção da internet está surgindo uma geografia econômica bastante mais seletiva*".

Dessa nova estruturação geográfica das redes, que produz uma seletividade dos territórios e uma diferenciação qualitativa na divisão territorial do trabalho, algumas áreas são paradigmas bem característicos, como o Silicon Valley, nos Estados Unidos, e outras áreas com grande densidade de produção de tecnologia localizadas na Suécia, na Finlândia e no Japão.

Os grandes centros urbanos do mundo sempre foram os pontos-chave na definição da Geografia da produção de internet como Geografia da inovação cultural. Tal situação deverá continuar, principalmente porque a potencialidade de inovação nesses centros urbanos pode ser verificada pela capacidade de absorção de contingentes diferenciados de pessoas provenientes de áreas que contribuem para aumentar a competitividade nos setores terciário e secundário.

No caso do setor terciário, há ramos altamente privilegiados na aglutinação de pessoas qualificadas e de centros de produção de novas tecnologias: são as telecomunicações e o transporte aéreo que exercem papel decisivo, atualmente, na concentração metropolitana e na configuração das conexões globais em redes altamente seletivas de seus usuários.

Para Saskia Sassen, que mostra como a metrópole se fortalece com as sinergias que mantêm o sistema capitalista em constante crescimento,

> um forte setor de finanças e de prestação de serviços é possível em Nova York, apesar do declínio da base industrial dessa cidade, e ... esses setores são integrados com tamanho vigor aos mercados mundiais que a articulação com seu interior ... torna-se secundária.[16]

---

16 SASSEN, S. *As cidades na economia mundial*. São Paulo: Nobel, 1996, p.87.

Com isso, forma-se um novo complexo de produção, porque "a complexidade, a diversidade e a especialização cada vez maiores dos serviços solicitados fazem que seja mais eficaz adquiri-los de empresas especializadas do que contratar profissionais que venham trabalhar nas próprias empresas".[17]

A decorrência lógica desse fato são o surgimento e o crescimento de um setor de serviços prestados com qualidade superior aos níveis anteriores em relação aos processos de globalização e de caráter independente. A subcontratação ou a terceirização tornam-se mecanismos muito utilizados não só na fragmentação da divisão do trabalho, mas também, ao mesmo tempo, na articulação entre empresas independentes e complementares cada vez mais especializadas e com alto poder de criatividade, criação e competitividade.

A competitividade cresce, no mundo atual, por várias razões. Em primeiro lugar, forma-se um contingente de força de trabalho que domina tanto as tecnologias dos programas de computadores (softwares) quanto o trabalho com as máquinas (hardwares), montando, desmontando, trocando peças ou compondo modelos que se articulam em diferentes tamanhos, com componentes de distintas marcas. Em segundo lugar, a desregulamentação do trabalho, aliada ao fenômeno das subcontratações, formas de praticar a terceirização e a terciarização das atividades, tem como consequência direta a diminuição do tamanho do estabelecimento por causa da redução do número de trabalhadores. Além disso, com a possibilidade de utilizar formas de teletrabalho, os trabalhadores não precisam deixar sua residência e seguir para os estabelecimentos para exercer suas atividades. A distância é trocada pela rede que libera as pessoas do deslocamento físico, fazendo que os produtos de suas atividades se desloquem pela internet.

---

17   Ibidem, p.89

Mas as mudanças não param por aí. Apesar da liberação dos deslocamentos do tipo residência–emprego, as pessoas têm, em seu cotidiano, de suprir novas necessidades surgidas exatamente por causa das mudanças no mundo do trabalho. O tempo livre, que aparentemente se ampliou com a diminuição da necessidade da presença física no estabelecimento industrial ou de serviços, poderá exigir mais deslocamento para que a pessoa desfrute atividades culturais, de lazer ou de turismo.

Finalmente, o mais grave resultado dessa mudança é que a possibilidade do exercício de várias atividades na própria residência exige uma nova dinâmica no uso do tempo, porque as pessoas, trabalhando em casa, não têm de cumprir horários rígidos, mas, por isso mesmo, sem se dar conta, acabam por ter sua jornada aumentada, sem proporção direta com o salário. O aumento na jornada de trabalho tem, como fundamento, a ampliação do número de horas de trabalho não pago e, consequentemente, o aumento da mais-valia social apropriada pelos capitalistas.

Enfim, as pessoas são liberadas do deslocamento e do cumprimento do horário rígido da fábrica, mas se cobra, em contrapartida, aumento da jornada de trabalho e permanência na própria residência, alijando as pessoas da convivência com os colegas de trabalho e, com isso, reduzindo a possibilidade de organização corporativa dos trabalhadores. Essas mudanças no mundo do trabalho são, muitas vezes, identificadas como características da modernidade.

Os Estados Unidos, por exemplo, representam a mais importante referência para as reflexões sobre a modernidade, porque ali é possível colher exemplos para se estudar a eventual dissolução das cidades, como se apresentam na atualidade, pelo progresso das técnicas de transporte e de comunicação. No futuro, as cidades estarão, por todas as partes e ao mesmo tempo, em nenhuma parte, e a sociabilidade não será mais fundamentada na proximidade entre as pessoas ou entre os lugares, mas no movimento das pessoas e das informações. É nesse país que têm surgido noções para se descrever as novas formas que emergem no processo de urbanização. A partir das metrópoles, pode-se questionar por que dar importância às funções centrais dos *downtowns* e aos processos de revitalização das áreas mais antigas das cidades.

Essas novas noções são: as *edge cities*, conjuntos urbanos construídos nos arredores das cidades com uma multiplicidade de funções que terminam, elas mesmas, tornando-se outras cidades; as *outer-cities* ou *exurbs*, cidades construídas longe das metrópoles, mas habitadas por pessoas que se deslocam diária ou semanalmente para nelas trabalhar, e, ainda, o trabalho a distância, facilitado pelas redes de comunicações, também chamado teletrabalho. Enfim, a deslocalização de atividades para áreas novas ou para áreas revitalizadas da metrópole ou, ainda, para áreas periféricas é altamente seletiva.

Para Ascher, a metropolização é um fenômeno que deve ser compreendido para além do conceito de metrópole. Esse fenômeno se explica pela concentração da riqueza, além das pessoas e das atividades nas grandes aglomerações multifuncionais que comandam a integração econômica internacional e pelo "impacto das tecnologias na cidade e mostram quanto as tecnologias se inscrevem em primeiro lugar nos contextos que as selecionam e lhes abrem as potencialidades de ação".[18] Observam-se espaços urbanizados que se expandem de maneira descontínua e heterogênea, formados pela expansão horizontal de cidades ou pela incorporação de áreas urbanizadas por cidades maiores cuja vida econômica pode estar pouco ligada à economia regional porque se torna área de serviços e de lazer para consumidores de áreas distantes.

---

**18** ASCHER, F. *Metápolis*. Paris: Odile Jacob, 1995, p.52.

Para além das metrópoles, que se definem pelos próprios modos de vida e de produção, François Ascher define (ainda que provisoriamente) a *metápole* (que se forma a partir de metrópole preexistente e em espaços muito variados) como "o conjunto de espaços nos quais todos ou parte dos habitantes, das atividades econômicas ou dos territórios estão integrados no funcionamento do cotidiano (ordinário) de uma metrópole".[19] Assim:

> uma metápole constitui geralmente uma única bacia de emprego, de habitação ou de atividades. Os espaços que compõem uma metápole são profundamente heterogêneos e não necessariamente contíguos, [pois] compreendem ao menos algumas centenas de milhares de habitantes[20]

Finalmente, as metápoles se apresentam com várias conformações: elas são mono ou polinucleadas, podendo se apresentar mais ou menos aglomeradas ou dispersas, heterogêneas, polarizadas ou segmentadas, densas ou rarefeitas, e seguem o crescimento territorial de acordo com a infraestrutura e as políticas públicas que o condicionam.

Com esses exemplos, podemos ver que várias das informações e das reflexões contidas neste livro serviram para construir a noção de metrópole e suas articulações (necessárias, no mundo contemporâneo) por meio das telecomunicações, estimuladas e aceleradas pela produção de novas tecnologias e de novos materiais para a disseminação da informação como forma de agregação de valor às mercadorias. Essas condensam, no limite, as formas de produção e de apropriação da mais-valia social e, uma vez colocadas em circulação, realizam e definem quem se apropria dessa mais-valia.

As metrópoles são, portanto, as verdadeiras cidades em rede, embora suas características possam se desdobrar, de

---

19 Ibidem, p.34.
20 Ibidem.

forma diferenciada, para outras cidades com dimensões menores.

E quanto às transformações nas relações trabalhistas, podemos afirmar que outra decorrência da divisão do trabalho é a forma urbana. As relações de centralidade – com os desdobramentos dos centros tradicionais, a implantação imobiliária, a apropriação de renda por parte de proprietários do solo e incorporadoras e construtoras que produzem edifícios "inteligentes" (equipados com redes de energia e de internet, de computadores, sistemas de segurança etc. de última geração), além das novas localizações residenciais – mudam a forma da cidade, antes estruturada segundo o modelo de centro–periferia, provocando o surgimento de outras centralidades e de novas formas de habitação.

Entre as novas formas de habitação, a mais atual e mais cobiçada é o chamado condomínio fechado, localização que autossegrega seus moradores em relação ao restante da cidade, criando um tipo de cidadão que se volta contra a cidade e se desloca apenas em espaços privados para ir e vir de casa para o emprego, para as compras ou para o lazer.

Para Maria Encarnação Sposito:

> não temos mais, apenas, um processo de difusão da urbanização pelo aumento do número e tamanho das cidades e dos papéis que desempenham na divisão social do trabalho, mas temos uma urbanização que se reconstrói, também, como espacialidade que se redesenha a partir da fragmentação do tecido urbano e da intensificação da circulação de pessoas, mercadorias, informações, ideias e símbolos.[21]

Não se pode afirmar que, atualmente, a cidade comparece como unidade espacial, com sua morfologia integrada, iden-

---

21 SPOSITO, M. E. B. A urbanização da sociedade: reflexões para um debate sobre as novas formas espaciais. In: DAMIANI, A. L.; SEABRA, O. C. de L., CARLOS, A. F. A. (Orgs.). *O espaço no fim de século*: a nova raridade. São Paulo: Contexto, 1999, p.85.

tificada pelo que é urbano e diferenciada daquilo que é considerado morfologia rural. O crescimento da cidade não se faz mais continuamente no território, mas de maneira constante, intensa e descontínua.

Isso é perceptível tanto no espaço intraurbano quanto nas relações entre a cidade e os outros tipos de espaço próximos ou distantes. Se considerarmos a desconcentração em escala regional, ela vai caracterizar os padrões de crescimento dos espaços de assentamento humano. Esse processo envolve, ao mesmo tempo, aglomeração, descentralização e desconcentrações dispersas em uma escala regional em expansão. Comércio, indústria, atividades culturais, estruturas políticas locais e fontes financeiras podem se relocalizar, saindo do centro histórico da cidade à busca de outras centralidades existentes ou produzindo novas centralidades. Se o momento atual possui uma forma de domínio absoluto do capital, que é a corporação transnacional, Mark Gottdiener conclui que "a forma fenomenal de espaço correlata do capitalismo tardio é a metrópole desconcentrada".[22]

Adriana Bernardes Silva, ao estudar São Paulo, demonstra o papel da cidade em um conjunto chamado de "metrópoles-rede", que são "verdadeiras máquinas de aceleração de fluxos". Parafraseando Milton Santos, ela afirma que

> a descentralização produtiva e a centralização informacional produzem, juntas, o fenômeno da *dissolução da metrópole*, graças à difusão hierárquica da informação sobre todo o território, por intermédio da rede urbana.[23]

O leitor pode observar que, nesta altura do texto, novamente a expressão *rede urbana* comparece, remetendo à estrutura

---
22 GOTTDIENER, M. *Produção do espaço urbano*. São Paulo: EDUSP, 1993, p.230.
23 SILVA, A. M. B. *A contemporaneidade de São Paulo*: produção de informações e novo uso do território brasileiro. São Paulo, 2001. Tese (Doutorado) – Universidade de São Paulo, p.102 e 111.

que se instaura e se consolida por meio das atividades exercidas nos espaços urbanos, principalmente nas metrópoles e em algumas cidades intermediárias importantes. Podemos concluir, assim, que a articulação das cidades em redes não prescinde da compreensão das redes de cidades porque, mais que uma inversão retórica de palavras, esses termos expressam, em sua complexidade, os arranjos territoriais com suas heranças históricas e a disseminação de atividades e de processos cujos nós de difusão são, indubitavelmente, as cidades.

A única metrópole global e, portanto, a única complexa cidade em rede que se localiza no território brasileiro é São Paulo. Isso pode ser demonstrado com alguns dados sobre o setor financeiro. Na comparação com outras metrópoles brasileiras, sua supremacia é incontestável. Em dezembro de 2003, das 169 sedes de empresas bancárias no Brasil, 92 se localizavam em São Paulo (SP), 22 no Rio de Janeiro (RJ), nove em Belo Horizonte (MG), oito em Porto Alegre (RS) e seis em Curitiba (PR), estando as demais espalhadas por cidades como Brasília (DF), Salvador (BA), Recife (PE), Belém (PA), Fortaleza (CE), Vitória (ES), Aracaju (SE), Canoas (RS), Florianópolis (SC), Goiânia (GO), Juiz de Fora (MG), Teresina (PI), São Luís (MA), Uberlândia (MG), Osasco (SP), Ribeirão Preto (SP), Sorocaba (SP) e Barueri (SP). É importante salientar que, além da metrópole, quatro cidades com sedes de bancos se localizam no estado de São Paulo, o que diferencia o próprio estado dos demais.

Se o foco visa apenas às sedes dos bancos estrangeiros no Brasil, a participação porcentual de São Paulo é muito maior, pois 79% estão nela localizadas, enquanto 5% estão em Porto Alegre, 4%, no Rio de Janeiro e 4%, em Curitiba, restando as cidades de Recife, Canoas, Salvador e Barueri com 2% das sedes de bancos estrangeiros. Dos bancos localizados em São Paulo, pelo menos 60% têm negócios em outros países.

Outro exemplo: 87 dos 96 escritórios representantes de bancos estrangeiros estão localizados em São Paulo, sobrando sete para o Rio de Janeiro e apenas um para Porto Alegre e um para Salvador.

Finalmente, o papel da metrópole São Paulo pode ser confirmado quando se sabe que nela se localizam as sedes de grande parte das empresas jornalísticas (das quais oito são jornais diários de abrangência nacional) e das empresas de rádio e televisão.

Podemos concluir, observando todas as ideias expostas neste item, que as novas formas e a capacidade de gestão da economia nacional e de interferência nos fluxos internacionais, sobretudo aquelas que se manifestam na metrópole contemporânea, são produtos das mudanças nas relações de produção a partir da incorporação de novas tecnologias.

As novas tecnologias estão, cada vez mais, presentes na vida dos habitantes das cidades. Elas permitem a comunicação entre as pessoas pelas mais diferentes razões. Essas possibilidades existem porque a imaterialidade tornou-se, também, importante componente até para a agregação de valor às mercadorias (materialidades) produzidas. Assim, a passagem a uma produção terciária valorizou as comunicações, ou seja, as diversas organizações em rede. No final das contas, a passagem de uma geografia de polos (ou áreas de desenvolvimento) para uma geografia de linhas (eixos de desenvolvimento, cuja principal articulação é a metrópole) significa a modernização, porque é um novo paradigma que se instaura para a estruturação do espaço produtivo.

É importante notar que a formação de redes de cidades, cujo componente principal é a metrópole – que é a cidade em rede – ocorre, também, com a participação das aglomerações de tamanho médio. A estrutura em rede de cidades permite que as de porte médio se beneficiem das economias de escala e da intensidade das interações reservadas, em primeira instância, às chamadas cidades globais.

## A velocidade do tempo e o "encolhimento" do espaço

David Harvey descreve e ilustra o que ele chama de *compressão do tempo-espaço*:

> à medida que o espaço parece encolher numa "aldeia global" de telecomunicações e numa "espaçonave Terra" de interdependência ecológica e econômica ... temos que aprender a lidar com um avassalador sentido de *compressão* dos nossos mundos espacial e temporal.[24]

**1500-1840**

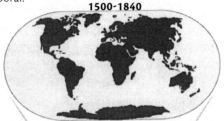

A melhor média de velocidade das carruagens e dos barcos a vela era de 16 km/h

**1850-1930**

As locomotivas a vapor alcançavam em média 100 km/h; os barcos a vapor, 57 km/h

**Anos 1950**

Aviões a propulsão: 480-640 km/h

**Anos 1960**

Jatos de passageiros: 800-1100 km/h

FIGURA 5 – O ENCOLHIMENTO DO MAPA DO MUNDO OCORRE GRAÇAS ÀS INOVAÇÕES NOS TRANSPORTES QUE DIMINUEM O ESPAÇO POR MEIO DO TEMPO. ESSA METÁFORA SERVE PARA SE COMPREENDER A COMPRESSÃO DO ESPAÇO PELO TEMPO. A ILUSTRAÇÃO PERMITE VISUALIZAR COMO OS DESLOCAMENTOS DE PESSOAS E DE MERCADORIAS SOFRERAM UMA ACELERAÇÃO NOS ÚLTIMOS 150 ANOS DE MODO NUNCA VISTO ANTERIORMENTE NA HISTÓRIA DA HUMANIDADE. ILUSTRAÇÃO ADAPTADA DE HARVEY, CONDIÇÃO PÓS-MODERNA, P. 220.

---

24  HARVEY, D. *Condição pós-moderna*. São Paulo: Loyola, 1992, p.219.

A Figura 7 demonstra, com as limitações inerentes a qualquer ilustração, a afirmação de Harvey. Desde o século XIX, quando a velocidade das carruagens e dos barcos a vela era, em média, de 16 quilômetros por hora, até o momento atual somadas também as experiências descartadas, como o jato hipersônico Concorde, que fazia o trecho entre Estados Unidos e Europa voando a 2.200 quilômetros por hora, a velocidade de deslocamento das pessoas ampliou-se rapidamente.

Se adicionarmos a esses dados o fato de que, pela internet e pela televisão, sistemas articulados por satélites permitem a transmissão da informação entre todos os lugares do planeta em questão de segundos, podemos compreender que o relacionamento entre as pessoas, considerando-se a cultura cibernética, ocorre, apesar da distância física entre os lugares, em tempo considerado real.

Não se pode permanecer, atualmente, apenas nos limites do "perspectivismo", pelo qual se concebe o mundo a partir do "olho que vê" do indivíduo. A perspectiva que precisa ser considerada é a da imaginação, para ir além da paisagem na compreensão da velocidade atual do tempo, que tende a se acelerar ainda mais (ver Figura 8).

A Figura 9 também possibilita a leitura da atual complexidade das redes. O desenho foi divulgado pelo grupo Opte, de San Francisco, na Califórnia (Estados Unidos) e, por meio dele, é possível visualizar, aproximadamente, como se dariam as ligações por internet entre todos os continentes. A referência são os nós das redes, isto é, as cidades que exerceriam o papel de lugares de articulação na transmissão das informações.

Articulando as ideias de metrópole e de velocidade do tempo, é possível afirmar que o desenvolvimento das telecomunicações e dos transportes poderão engendrar uma cidade sem coesão social definida por um *continuum* formado por unidades de hábitats autônomos aproximados pelas telecomunicações, provocando a deterioração de áreas periféricas ou mesmo centrais nas grandes cidades sufocadas por seu próprio crescimento e as quais "voltam as costas" para as outras áreas do país em que se encontram. Para tentar explicar essa complexa dinâmica urbana que se forma em todos os países desenvolvidos e que pode ser identificada nos países menos desenvolvidos, François Ascher cunhou a palavra *metápolis*, porque "a nova forma parece ultrapassar e englobar, de diversos pontos de vista, as metrópoles que nós conhecemos até o presente".[25]

Esse fenômeno da urbanização expandida para além das formas das cidades, embora encarado, ainda, como perspectiva para os próximos passos da compreensão do urbano, deve ser objeto de preocupação em um mundo de quarenta mil cidades com mais de cem mil habitantes, 250 com mais de um milhão, quarenta cidades com mais de cinco milhões e quinze com mais de dez milhões de habitantes.

As cidades mais dinâmicas e mais populosas dessas aglomerações são chamadas de metrópoles desde o início do século XX, porque correspondem à

> grande cidade moderna que se define mais pela irradiação internacional de suas empresas, de seus capitais, de suas universidades que pelas funções tradicionais regionais e por uma hinterlândia da qual ela retiraria recursos e poder ... [Enfim, a palavra metrópole serve para identificar] as principais aglomerações urbanas de um país com algumas centenas de milhares de habitantes, que são multifuncionais e que têm relações econômicas com várias outras aglomerações estrangeiras.[26]

É ainda François Ascher que diz que, ao conceito de metrópole, é preciso relacionar, para distinguir, o fenômeno da metropolização, que corresponde "não apenas ao crescimento e à multiplicação das grandes aglomerações, mas à concentração crescente em seu território de populações, de atividades e de riquezas".[27]

---

25  ASCHER, F. *Metápolis*. Paris: Odile Jacob, 1995, p.34.
26  Ibidem, p.15-6.
27  Ibidem, p.16.

A FIGURA 6 – ILUSTRA AS MUDANÇAS NAS REPRESENTAÇÕES CARTOGRÁFICAS DESDE O RENASCIMENTO. NO TERCEIRO PLANO, VEMOS QUE OS LIMITES AINDA IMPRECISOS DOS CONTINENTES DEPENDIAM DE MEDIÇÕES FEITAS POR APARELHOS MANIPULADOS VISUAL E INDIVIDUALMENTE. NO SEGUNDO PLANO, A PRECISÃO DOS LIMITES E A UNIFORMIZAÇÃO DAS CORES DEMONSTRAM SER POSSÍVEL DISTINGUIR AS TERRAS EMERSAS DA SUPERFÍCIE LÍQUIDA DA TERRA. NO PRIMEIRO PLANO, A REPRESENTAÇÃO DA TERRA PELA MONTAGEM DE IMAGENS DE SATÉLITE DEMONSTRA A CAPACIDADE DE VISUALIZAR O MUNDO INTEIRO. FIGURA EXTRAÍDA DA CAPA DA *REVISTA TERRA LIVRE*. SÃO PAULO: AGB, V.I, N.18, 2002.

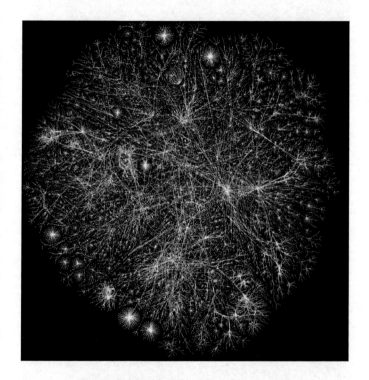

FIGURA 7 – A CONFIGURAÇÃO DAS REDES LEMBRA UMA POSSÍVEL REPRESENTAÇÃO DAS ARTICULAÇÕES ENTRE OS NEURÔNIOS NO CÉREBRO HUMANO. POR ESSA REPRESENTAÇÃO ESQUEMÁTICA, É POSSÍVEL VISUALIZAR REDES, PONTOS DE CONEXÃO E ARTICULAÇÕES DOS CONTINENTES ENTRE SI EM UMA FIGURA CIRCULAR, MESMO QUE NÃO SE NOTE QUALQUER VESTÍGIO DE PROJEÇÃO CARTOGRÁFICA QUE PERMITA A VISUALIZAÇÃO DE TODO O MUNDO. *FONTE:* WWW.OPTE.ORG, ACESSO EM: MAIO DE 2004.

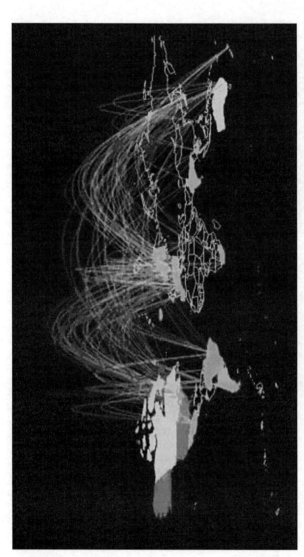

FIGURA 8 – REPRESENTAÇÃO ESTILIZADA DAS REDES DE COMUNICAÇÃO ENTRE AS CIDADES GLOBAIS, SEM PRECISÃO NA INTENSIDADE DOS FLUXOS. HÁ ÊNFASE, APENAS, NOS DIRECIONAMENTOS E NA TERRITORIALIZAÇÃO DOS PRINCIPAIS NÓS DE CONTATO ENTRE AS REDES. *FONTE* WWW.CYBERGEOGRAPHY.ORG ACESSO EM: MAIO DE 2004.

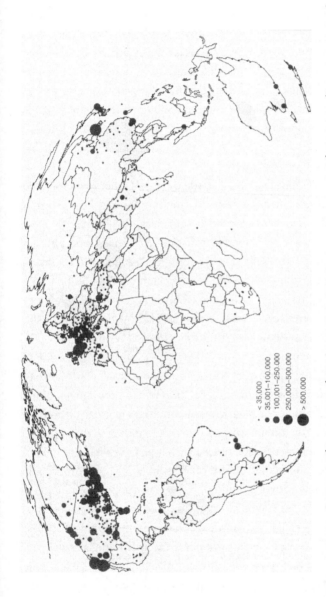

FIGURA 9 – MAPA QUE MOSTRA O NÚMERO DE DOMÍNIOS DOS TIPOS INTERNET.COM, .ORG, .NET E DE CÓDIGOS DE PAÍS POR CIDADE NO NÍVEL MUNDIAL, EM JULHO DE 2000. *FONTE:* CASTELLS, 2003, P.243.

A velocidade do tempo se acelera, também, dentro da metrópole, quando sabemos da disseminação crescente do teletrabalho. A volta ao trabalho na residência da pessoa e o redimensionamento das empresas, não mais construídas como os grandes galpões fordistas, mas em pequenas unidades dotadas de estruturas mais horizontalizadas, que permitem a complementaridade entre os trabalhadores (caracterizada pela cooperação horizontal e pela capacidade que eles desenvolvem para exercer várias atividades), são características, atualmente, das metrópoles.

Eliminando a necessidade de deslocamento da força de trabalho, principalmente no caso das atividades ligadas à criação de ideias e articulação de soluções de problemas dos mais diferentes tipos, o trabalho à distância articulado pela internet permite, ao trabalhador, diminuir sua jornada de trabalho na empresa, mas, contraditoriamente, amplia a possibilidade de mais horas serem dedicadas à realização das tarefas, embora a expectativa seja de mais tempo dedicado ao lazer (ou ao ócio), cujas possibilidades se multiplicam cada vez mais.

No entanto, há dois lados perversos dessa situação. O primeiro deles é que, com o aumento das atividades terciárias, os custos, de modo geral, também aumentam, exigindo parcela maior do salário ou da renda das pessoas na compra do turismo ou do lazer. O outro lado perverso é o aumento da violência urbana, que se torna, cada vez mais, o principal problema metropolitano do século XXI. O aumento da violência provoca medo nas pessoas que, quando podem, se enclausuram em condomínios fechados ou em edifícios altamente vigiados e circulam cada vez menos pelo território da cidade. Esse enclausuramento exige a interligação das pessoas por meio das redes de comunicação (internet e telefonia celular, por exemplo) e faz que elas circulem apenas pelos espaços privados dos centros comerciais, ausentando-se cada vez mais dos espaços públicos (ruas e avenidas, centro da cidade etc.), por permanecerem muito tempo, quando necessário, dentro do automóvel.

A imaterialidade das coisas ganha mais importância que os contatos entre as pessoas, mesmo que elas estejam vinculadas por contratos de trabalho. Esse é apenas um exemplo do aumento constante das necessidades de comunicação, muito mais rápido que a oferta de meios de comunicação. Isso se dá por causa do crescimento e da diversificação das grandes organizações industriais, comerciais e financeiras, que se refletem na divisão do trabalho, na complexidade dos sistemas produtivos, nos novos métodos de organização industrial e de produção, enfim, nas mudanças que ocorrem nos modos de vida das pessoas. Trata-se do constante e aparentemente interminável aumento das necessidades de produção e disseminação da informação e das comunicações. Essas contradições estão presentes na vida da metrópole atual e precisam ser estudadas para sua compreensão.

Para concluir este item, lembramos da necessidade de compor um complexo sistema explicativo sobre a metrópole no mundo atual, considerando, principalmente, a cultura da internet e a velocidade do tempo que se exprimem muito mais nesse tipo de cidade do que em qualquer outro tipo, embora estas não sejam características unicamente das metrópoles. Conforme a posição de uma cidade em sua região, ela poderá conter elementos que expressem o aumento da velocidade do tempo em seus equipamentos mais modernos. Se isso não ocorresse, seria difícil aceitar a possibilidade de se comunicar, em tempo real, com cidades da Amazônia brasileira, do sul arcaico da Itália ou do meio-oeste dos Estados Unidos.

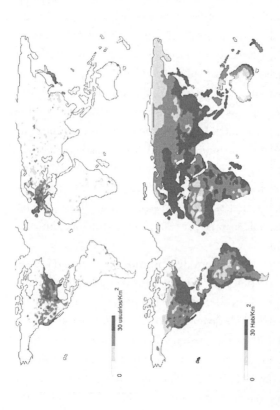

FIGURA 10 – OS DOIS MAPAS MOSTRAM O CONTRASTE ENTRE AS ÁREAS MAIS POVOADAS DO MUNDO E AS ÁREAS COM MAIOR DENSIDADE DE USUÁRIOS DA INTERNET. NÃO HÁ PRECISÃO QUANTITATIVA NOS MAPAS, POIS O MAIS IMPORTANTE É NOTAR QUE ELES MOSTRAM QUE A DENSIDADE DE USUÁRIOS É MAIOR NOS ESTADOS UNIDOS, NA EUROPA E NO JAPÃO, EMBORA SEJA GRANDE A DENSIDADE POPULACIONAL NA ÍNDIA, NA CHINA E EM CERTAS ÁREAS DA ÁFRICA E DA AMÉRICA DO SUL. DISPONÍVEL EM: <HTTP. WWW. CYBERGEOGRAPHY.ORG>. ACESSO EM: MAIO DE 2004.

## As redes de solidariedade

A relação entre redes e escalas precisa ser enfocada. Para Rogério Haesbaert, é necessário levar em consideração que, mesmo que se enfatizem, por exemplo, as escalas "local e regional, nenhuma das escalas pode ser excluída, e é, sobretudo na dinâmica do entrecruzamento do local com o regional, o nacional e o internacional e com os inúmeros tempos" que se devem realizar as leituras dos territórios. "Não há nenhum espaço regional ou nacional estanque, ou que se disponha numa hierarquia perfeitamente sobreposta", porque "muitos fenômenos participam de redes locais ou regionais, outros de redes nacionais/mundiais, e muitas são as descontinuidades e os entrelaçamentos".[28]

Faz parte, atualmente, do que se chamam de redes de solidariedade o movimento de pessoas altamente qualificadas entre países, sobretudo os industrializados e com renda *per capita* alta. Esse movimento não é enfocado aqui como migratório, pura e simplesmente, mas como formador de uma dinâmica de rede que serve, basicamente, para a transferência de informações e de tecnologia incorporadas pelas pessoas. Nesse caso, as redes de informática tipo internet não têm papel fundamental, sendo substituídas pelas pessoas portadoras não apenas de sua força de trabalho, mas também de conhecimento, que se deslocam e se inter-relacionam para articular novas formas de produção e, no limite, de disseminação de novas tecnologias.

O movimento de pessoas altamente qualificadas (no senso comum, chamado de migração de cérebros) entre os países é explicado pela necessidade de transferir a propriedade intelectual ligada a pessoas, isto é, os conhecimentos técnicos

---

28 HAESBAERT, R. *Territórios alternativos*. São Paulo: Contexto, 2002, p.114.

ou organizativos muito específicos, dominados por um número limitado de pessoas altamente qualificadas. Assim, o pessoal qualificado que se desloca para trabalhar nas filiais das grandes empresas multinacionais é encarregado de incorporar e transferir conhecimentos específicos produzidos ou apropriados na sede da empresa ou do grupo, para garantir a coordenação internacional da sua dinâmica e para exercer controle ou para executar tarefas representativas que facilitem os negócios da empresa com outras organizações.

Algumas atividades se caracterizam por sua natureza de ramos internacionalizados, por causa da necessidade de ultrapassar fronteiras para sua própria realização. Os ramos considerados são os transportes (destacando-se, aqui, as linhas aéreas e os serviços expressos de correspondência), as agências internacionais de informação, os serviços de comunicação social e de publicidade, todos os serviços ligados ao turismo, as mais diversas atividades ligadas aos serviços bancários e, também, alguns ramos da indústria com alto poder de agregação de valor, como a química, a farmacêutica e a eletrônica.

Para continuar com a discussão sobre as redes formadas por pessoas que se deslocam entre países por serem portadoras especializadas de mão de obra qualificada e de conhecimentos científicos avançados, outro aspecto fundamental é a constituição das redes de competência. Para Roger Brunet, "redes densas ligam as cidades da aeronáutica, as cidades da pesquisa agronômica e médica etc. Essas redes têm, como característica, constituir-se a distância e, até mesmo, mundiais"[29] entre elas em escalas nacionais e mundiais, por um lado, e, por outro, elas são indiferentes ao tamanho da cidade, mesmo que isso não se refira à competência das empresas.

---

29 BRUNET, R. Villes moyennes: point de vue de Géographie. In: COMMERÇON, N., GOUJON, P. (Orgs.). *Villes moyennes*. Lyon: PUL, 1997, p.19.

Em vários países, atualmente, é nessa escala de cidade que se torna mais nítida a formação universitária, ampliando-se o contingente de pessoas qualificadas para as atividades mais atualizadas, aquelas que dependem do domínio de conhecimentos sobre a informática e a internet.

Na França, a associação dos prefeitos das cidades médias traçou, em busca de saídas para o desenvolvimento local, seis vias possíveis: as estradas, o ensino superior, os créditos para a descentralização cultural, o crescimento das finanças públicas, a forte incitação do Estado à cooperação intercomunal e a melhora na rede dos quadros territoriais, que permitiria elevar a qualidade do recrutamento.

O exemplo da França remete à questão dos movimentos de população, intensos no atual momento histórico, principalmente dos países subdesenvolvidos em direção aos países do chamado Primeiro Mundo (Estados Unidos, Europa Ocidental e Japão). Esses movimentos de população são válvulas de escape para as tensões sociais, basicamente naquelas regiões com altas taxas de desemprego.

Para Marcos Saquet,

> o processo de apropriação e produção do espaço geográfico e de territórios dá-se, historicamente, em tempos desiguais. Tempos *lentos* e tempos *rápidos*, coexistentes e *breves* e mais *longos*, históricos, que se cristalizam no espaço ... desigualmente.[30]

Esses tempos são componentes das relações sociais estabelecidas entre as pessoas que se deslocam no território, em articulações que se estendem para lugares, muitas vezes, bem distantes disseminando formas de organização e modos de trabalho que são repassados e adaptados às novas condições. A mobilidade das pessoas e a mantença de redes de solidarie-

---

30 SAQUET, M. A. *Os tempos e os territórios da colonização italiana*. Porto Alegre: EST, 2003, p.139.

dade são aspectos das migrações que atualmente ocorrem tanto dentro do território brasileiro quanto do Brasil para outros países e entre diferentes países em todo o mundo.

As redes de solidariedade persistem porque as estruturas auxiliam na sua própria articulação:

> as redes de circulação e de comunicação se interpenetram, se articulam, interagem. Seu controle é fundamental para o domínio de homens (e mulheres) e para a cristalização concomitante de uma *nova* ordem. A circulação e a comunicação ... são complementares e estão presentes em todas as ações e relações ... aproximando e unindo, integrando, afastando e separando...[31]

Esse fenômeno é considerável, como demonstra o fato de que uma em cada 35 pessoas, atualmente, é imigrante, tendo saído de seu lugar para procurar melhores condições de vida em outro (leia-se: emprego), o que equivale a dizer que 175 milhões de pessoas estão nessa situação.

Os migrantes procuram se fixar, nos países de destino, nas cidades que mais oferecem possibilidades de emprego ou de qualquer outra forma de ganho. Essa constatação nos faz concluir que os movimentos populacionais da atualidade são resultado e condição da reorganização da economia mundial, na fase das formas de produção flexível, ao lado de outros fluxos que se intensificaram, como o de componentes de produtos finais, de capital, serviços e informações, facilitados pela constituição de redes de comunicações, acelerada, por sua vez, pela miniaturização dos componentes dos computadores.

Enfim, se, por um lado, as mudanças no mundo do trabalho provocam rupturas nas estruturas tradicionais, por outro, a mobilidade da população é acompanhada da mobi-

---

31  Ibidem, p.161.

lidade do conhecimento individual, do senso comum, dos hábitos culturais que consolidam as redes de solidariedade. O estudo dos fluxos migratórios e dos relacionamentos em redes sociais possibilita comprovar o surgimento de regiões com forte potencial para a absorção da força de trabalho, com a implantação de estruturas produtivas (indústrias e prestação de serviços) e o afluxo de capitais.

# Conclusão

Tratar de dois conceitos que se consolidam na produção do conhecimento geográfico, de maneira transdisciplinar, com ênfase na Sociologia e na Economia, tanto do ponto de vista histórico (resgatando o modo como os conceitos foram se constituindo) quanto do analítico (relacionando e articulando informações e ideias em diferentes escalas e com diferentes demonstrações empíricas), é uma tarefa que deixará, sempre, a sensação de que falta algum aspecto, algum exemplo ou alguma relação importante a ser abordada.

Como o objeto de estudo da Geografia (como de muitas outras Ciências Sociais) é a sociedade, tivemos a preocupação de enfatizar o papel do ser humano no entendimento da rede urbana, com base na estruturação da rede de internet, procurando demonstrar como as pessoas são diferenciadas e se articulam, ora individualmente, ora em grupo, procurando se adequar às novas tecnologias.

No entanto, resta a constatação de que o aprimoramento tecnológico, que tem consequências em todas as dimensões da vida humana (no trabalho, na residência, na escola, no lazer etc.), é incorporado e transformado por uma minoria, porque as formas de apropriação e de transformação da natureza, uma vez que participam do funcionamento do modo capitalista de produção, na atualidade, ainda excluem a maioria das pessoas no mundo.

O principal intento deste livro foi facilitar a compreensão das transformações mais recentes na sociedade, sobretudo aquelas decorrentes das mudanças tecnológicas e do processo de urbanização, responsável pelas dinâmicas territoriais que poderão, por sua vez, se movimentar e se modificar entre integração e fragmentação, entre a rede e a metrópole, o indivíduo e o grupo, entre o mundo do trabalho e o cotidiano da cidade.

Procuramos deixar claro, nas páginas anteriores, que a rede urbana é a manifestação mais completa do conceito de rede porque possibilita a articulação de qualquer uma delas, como a rede de comunicações (leia-se: internet).

As redes de cidades podem atuar como nós das redes logísticas de transportes, ou até das redes de solidariedade, formadas como catalisadoras das aspirações das pessoas que migram, em todo o mundo, buscando emprego e, consequentemente, mudanças positivas na apropriação da renda e no conforto de sua existência.

Podemos concluir, também, que as formas territoriais decorrentes das transformações nos sistemas produtivos contemporâneos, agora chamados de sistemas de produção flexíveis, que superam o fordismo, embora ainda contenham aspectos dele, implicam outras conformações territoriais nas cidades e entre as cidades.

Nas cidades, principalmente no que diz respeito às metrópoles e ao papel das cidades globais, a segregação social e as limitações territoriais para a vivência, o trabalho e a convivência com outras pessoas, estruturadas pelo desenho da malha urbana e pela apropriação diferenciada do solo, demonstram, ao mesmo tempo, antagonismo e complementaridade.

As diferentes camadas sociais, desde aquelas com mais capacidade de apropriação e utilização da renda social até as despossuídas – não só de renda, mas muitas vezes de moradia e emprego – compartilham o espaço diferenciado e antagônico, sem prescindir, nenhuma delas, da presença das outras classes.

Entre as cidades, a formação de redes de comunicação para o deslocamento de pessoas e de mercadorias, como autopistas, infovias e estradas para circulação mais rápida, permite lembrar que o espaço, embora continue sendo o mesmo, tem suas dimensões modificadas para as diferentes classes sociais, porque o tempo se modifica de acordo com a velocidade nos deslocamentos. Quando se trata da transmissão das informações por meio virtual, a comunicação das pessoas entre as cidades se faz em tempo real, superando-se as diferenças dos fusos horários, que são resultados inexoráveis da forma da Terra.

Nossa preocupação é, também, transmitir para o leitor a noção de que a abordagem e a articulação de temas como redes e cidades não podem se restringir à ideologia do discurso único, devendo pôr na mesa as diferentes determinações que compõem a realidade objetiva. A mudança, na análise, da escala local para a escala nacional ou global foi um encaminhamento metodológico por meio do qual procuramos fazer que as temáticas não ficassem encapsuladas em suas próprias estruturas.

As alterações paradigmáticas estão ocorrendo porque a ciência está se transformando. As novas tecnologias estão mudando as relações entre as pessoas, bem como a organização interna das cidades e entre as diferentes cidades. O paradigma das áreas, identificadas sobretudo pelas regiões, está sendo substituído pelo paradigma das redes que, por sua vez, estruturam eixos seletivos para a localização de unidades produtivas, unidades de serviços, residências e equipamentos de consumo coletivo diferenciados, porque assim o território está se reestruturando.

Esperamos que este livro tenha sido um elemento de provocação para aprofundamento das temáticas nele iniciadas. O leitor deve se sentir motivado a refletir sobre os mais variados exemplos e as diversas ideias expostas e, na formação acadêmica, procurar difundir suas preocupações com uma sociedade mais igualitária, considerando suas diferenças internas e suas potencialidades, que se manifestam com intensidades distintas nos territórios.

# Glossário

**Centro e periferia/periferias** – Os termos referem-se às diferenciações entre formas de uso do solo e de distribuição das atividades em uma cidade. O centro é o lugar onde se concentram as principais atividades comerciais e de serviços e onde o movimento diário de pessoas é mais intenso do que em qualquer outra área. Em metrópoles, cidades grandes e de porte médio tem-se o desdobramento da centralidade com o surgimento de outras áreas comerciais e de serviços, como os subcentros, eixos especializados, shopping centers ou centros de negócios. A periferia, por sua vez, é formada pelas áreas localizadas nos limites das áreas urbanas, onde estão os parques industriais e, nas cidades latino-americanas, os conjuntos habitacionais e bairros populares, muitos deles resultantes da autoconstrução. Atualmente, nessas cidades, verifica-se uma diversificação dos padrões residenciais com a implantação, inclusive, de loteamentos fechados, o que justifica o uso do termo no plural – "periferias".

**Cidades globais** – Termo cunhado por Saskia Sassen, refere-se às grandes metrópoles do mundo contemporâneo, nas quais ocorrem processos rápidos de renovação urbana e, principalmente, a organização de redes de informática que facilitam a circulação de dados e de informações fundamentais para a gestão da economia mundial, servindo como nós de conexão da rede mundial de comunicações (identificada, em especial, pela internet). Essas cidades também concentram os gestores da produção de mercadorias baseada na agregação de valores definidos mais pela incorporação de tecnologias que pelo valor das matérias-primas. Para essa autora, as cidades globais são: Nova York, Londres, Paris, Frankfurt, Tóquio e Sidney, nos países desenvolvidos, e Cidade do México e São Paulo, nos subdesenvolvidos.

**Cidades médias** – Grupos de cidades cujo tamanho demográfico varia de acordo com sua posição e importância relativa na rede urbana. Essas cidades funcionam como nós de conexão na rede urbana e reproduzem, não apenas em escalas geográficas menores, mas com articulação mais próxima entre os atores econômicos, jurídicos e sociais, aspectos da urbanização criados e recriados nas metrópoles, que se apresentam com características próprias nas cidades médias.

**Escala** – Esse termo deve ser compreendido de duas maneiras. A primeira é a noção de escala cartográfica, que se refere à relação numérica entre as dimensões da realidade e suas representações nos mapas. A segunda noção de escala, a geográfica, resulta da apreensão da realidade, no nível do pensamento, por meio da abstração dos seus diferentes componentes e das relações que há entre eles, dos indivíduos à totalidade das pessoas e das coisas, do local ao global.

**Espaço** – Categoria filosófica para se compreender a realidade, contém diferentes significados. Pode ser entendido como o invólucro dentro do qual ocorrem os corpos celestes, entre eles a Terra. Pode ser entendido também como a dimensão infinita do cosmos; nesse caso, é dotado das três dimensões básicas (altura, comprimento e profundidade) e é passível de mensuração. Finalmente, pode ser entendido como a principal manifestação dos movimentos que ocorrem em todas as dimensões da vida humana.

**Fordismo** – Diz-se da forma como se organiza a produção industrial com as seguintes características: produção de massa, com a padronização das mercadorias; massa salarial dos assalariados compatível com o poder de consumo, o que facilita o acesso às mercadorias; unidades fabris baseadas em grandes unidades produtivas nas quais se desenvolvem todas as etapas do processo produtivo; e política baseada em grandes estoques de mercadorias.

**Globalização** – O termo, considerado, por muitos, sinônimo de mundialização, foi difundido a partir dos Estados Unidos para designar a etapa atual da internacionalização da economia. Tal processo, iniciado no tempo das grandes navegações, consolidou-se e tornou-se mais complexo depois da Segunda Guerra Mundial e se caracteriza por: uniformização crescente no consumo, ampliação sem precedentes da urbanização, economia e comunicações baseadas nos avanços da informática, divisão do trabalho baseada nas subcontratações e multifuncionalidade dos trabalhadores.

**Informática** – É a incorporação do desenvolvimento tecnológico à necessidade de transmitir diferentes dados. Definida por uns como ciência, por outros como conhecimento acumulado e sistematizado, engloba tanto a capacidade de produzir os computadores quanto os programas operacionais que permitem seu funcionamento e sua articulação em diferentes unidades e redes.

**Logística de transportes** – Conjunto de elementos que constituem a infraestrutura dos sistemas de transportes e comunicações (rodoviário, ferroviário, marítimo, aeroviário, de telecomunicações etc.)

articulados às formas de organização das empresas encarregadas de fazer circular pessoas, mercadorias e informações entre diferentes lugares e em diferentes distâncias.

**Meios de consumo coletivo** – O termo refere-se às condições da vida urbana dadas pela infraestrutura urbana (redes de água e esgoto, asfalto, rede elétrica etc.), pelos equipamentos (escolas, centros de saúde, áreas de lazer etc.) e pelos serviços oferecidos pelo poder público ou pela iniciativa privada (transporte coletivo, coleta de lixo, limpeza de ruas, segurança etc.).

**Meio técnico-científico-informacional** – Termo cunhado pelo geógrafo Milton Santos, refere-se ao período atual do desenvolvimento das formas de produção, baseado na articulação entre os avanços técnicos da ciência, que possibilitam a multiplicação das redes de informação como características, também, da cultura. Esse meio vai além da superfície da Terra, ampliando-se para o espaço, onde estão os satélites que articulam e facilitam a transmissão das informações.

**Metápole** – Termo cunhado por François Ascher, significa o conjunto de espaços nos quais habitantes, atividades econômicas e territórios estão integrados ao funcionamento do cotidiano de uma metrópole. Compreende centenas de milhares de habitantes, constituindo uma bacia única de emprego, de habitações ou de atividades e, sobretudo, de espaços muito heterogêneos e não necessariamente contíguos.

**Mundialização** – Termo difundido pelos economistas franceses, considerado sinônimo de globalização. No entanto, a ênfase no caso é dada aos fluxos financeiros que ocorrem além das fronteiras dos países e cujas regras facilitam os empréstimos e as cobranças de juros de dívidas entre grandes empresas e órgãos reguladores de envergadura mundial e países que se endividam em dólar, a moeda de referência internacional. Os fluxos de capitais seriam os mais importantes indicadores para a economia e determinariam todas as outras características.

**Novas tecnologias** – A tecnologia é definida pela incorporação do conhecimento nos processos produtivos. As novas tecnologias são aquelas produzidas com base na acumulação do conhecimento de informática e de materiais com maior capacidade de transmissão de energia e, portanto, com base na ampliação da memória virtual, da velocidade de transmissão e do volume de dados ou de informações geográficas.

**Oligopólio** – Agrupamento de empresas organizadas, tanto nos processos produtivos quanto na distribuição de mercadorias e na prestação de serviços, para estabelecer acordos que, inibindo a competitividade, mantenham seus ganhos em níveis que lhes interessam. A competitividade entre as empresas assim agrupadas poderia reduzir os preços de seus produtos e, por consequência, seus lucros.

**Rede urbana hierarquizada** – Expressão que se refere a uma leitura específica da rede urbana, que pode ser identificada com a produção científica derivada dos paradigmas da Escola de Chicago. Estes se caracterizam pela classificação das cidades, por ordem de importância, em metrópoles nacionais e regionais, e centros regionais, intermediários e locais.

**Sinergia** – Significa a possibilidade de estabelecer, entre diferentes atores e empresas, uma atmosfera propícia, marcada por ligações e atividades que facilitam a incorporação e a disseminação de conhecimentos para a produção de tecnologias e produtos voltados para o aumento da produção industrial e do consumo de serviços.

**Sistema de produção flexível** – É a forma de organização da produção industrial baseada nos seguintes princípios: definição da produção, em quantidade e qualidade, segundo a capacidade de consumo; unidades de produção especializadas em etapas do processo produtivo, com dimensões compatíveis com a não acumulação de estoques; divisão do trabalho baseada na não especialização em funções específicas; enfraquecimento do papel dos sindicatos e valorização dos processos de subcontratação para a produção das mercadorias, identificados na terceirização e na terciarização das atividades.

**Tempo** – Dimensão da realidade que pode se apresentar de forma cronológica, como indicam as horas dos relógios e os dias nos calendários; histórica, apreendida a partir dos modos como são lidos os processos e as dinâmicas de natureza social, econômica e política; ou, ainda, como movimento e sem dimensões precisas, como o tempo das modernas teorias da Física, que se modifica de acordo com a velocidade da luz.

# Sugestões de leitura

ASCHER, François. *Metápolis*. Paris: Odile Jacob, 1995.

Publicado na França, é livro de difícil acesso aos brasileiros. Decidimos incluí-lo como sugestão de leitura pelo detalhamento que contém no estudo e na descrição da vida nas metrópoles, partindo do exemplo de Paris para a elaboração do conceito de *metápole*.

BEAUJEU-GARNIER, Jacqueline. *Geografia urbana*. Lisboa: Calouste Gulbenkian, 1980.

Bastante difundido nos cursos de Geografia, este livro contém, em linguagem clara e acessível, todos os elementos necessários para se compreender o que é uma cidade, sua gênese, como cresce e se estrutura.

BENEVOLO, Leonardo. *História da cidade*. São Paulo: Perspectiva, 1983.

Livro direcionado principalmente aos estudiosos da Arquitetura e da História. No entanto, ele pode ser útil para todos os que se preocupam com a análise urbana. Associada aos textos curtos e simples, há uma grande quantidade de plantas, mapas e fotografias de cidades representativas de várias épocas.

BENKO, Georges. *Economia, espaço e globalização*. São Paulo: Hucitec, 1996.

Recomendamos principalmente as duas primeiras partes, nas quais são tratadas as economias e os territórios em mutação e as características do sistema produtivo contemporâneo.

CAMPOS Filho, Cândido Malta. *Cidades brasileiras*: seu controle ou o caos. São Paulo: Nobel, 1992.

Livro voltado para a compreensão das cidades brasileiras, pela ótica do planejamento urbano, definido como resultado de visões conflitantes. O autor parte de uma leitura interna das cidades para propor, no final, aquilo que chama de uma nova política de desenvolvimento intraurbano no Brasil.

CARLOS, Ana Fani Alessandri. *Espaço-tempo na metrópole*. São Paulo: Contexto, 2001.

Essa geógrafa é uma das mais importantes pesquisadoras da cidade e do urbano na atualidade. Trabalhando na Universidade de

São Paulo, seu território de análise é a metrópole paulista, que pode ser considerada o principal tema do livro, que parte do conceito de lugar e da natureza do espaço urbano fragmentado.

CARROUÉ, Laurent. *Géographie de la mondialisation*. Paris: Armand Colin, 2002.

Recentemente lançado na França, esse livro oferece um panorama sobre o conceito de mundialização, do ponto de vista histórico, demonstrando como a geografia atual se reestrutura pelas empresas transnacionais, pelo aumento das trocas e pela sofisticação da logística mundial.

CASTELLS, Manuel. *A sociedade em rede*. São Paulo: Paz e Terra, 1999.

Faz parte de uma trilogia planejada para fornecer um amplo quadro da sociedade contemporânea. Este livro é indicado por apresentar, detalhadamente, vários aspectos da sociedade informática, desde o desenvolvimento tecnológico até as mudanças no mundo do trabalho.

_____. *La galaxia internet*: reflexiones sobre internet, empresa y sociedad. Madrid: Areté, 2001.

Livro escrito com o objetivo de fornecer uma leitura geográfica da estruturação mundial das redes de comunicações, com ênfase na internet, sua história e seus desdobramentos na constituição de uma cultura virtual que se dissemina por todos os cantos do planeta.

CORRÊA, Roberto Lobato. *O espaço urbano*. São Paulo: Ática, 1989.

Livro elaborado com a preocupação didática de levar ao estudante de ensino médio e dos primeiros anos de faculdade uma visão em linguagem simples e objetiva sobre o conceito de espaço urbano, desdobrado em dois capítulos principais: quem produz o espaço urbano e quais são os processos e as formas espaciais historicamente produzidos.

_____. *A rede urbana*. São Paulo: Ática, 1989.

A partir desse livro, o leitor conhecerá como os geógrafos fazem suas leituras das redes urbanas e quais são seus significados. É um texto básico para compreender as mudanças nas abordagens da rede urbana, por sua objetividade e linguagem acessível.

DAMIANI, Amélia L.; CARLOS, Ana Fani A.; SEABRA, Odette C. de Lima (Orgs.). *O espaço no fim de século*: a nova raridade. São Paulo: Contexto, 1999.

Coletânea de vários artigos de pesquisadores brasileiros, esse livro traz ideias atuais, resultantes de pesquisas realizadas nas universidades públicas e divulgadas em eventos científicos no Brasil. Está dividido em duas partes: as contradições do espaço e a urbanização da sociedade.

DIAS, Leila Christina. *Réseaux d'information et réseau urbain au Brésil*. Paris: L'Harmattan, 1995.

Livro publicado na França e recomendado porque contém uma análise histórica da constituição da rede urbana brasileira, desde o período do Brasil colonial, passando pelas políticas de integração do território na primeira metade do século XX, até se fixar nas telecomunicações. O caso mais detalhado é a rede formada pelo setor bancário, seus ritmos e suas consequências.

FISCHER, André. *Industrie et espace géographique*. Paris: Masson, 1994.

Outro livro editado na França que pode ser de difícil acesso aos brasileiros. No entanto, é importante para quem quiser se aprofundar na compreensão das novas formas de produção industrial, em uma comparação entre o sistema fordista e o sistema de produção flexível.

GOMES, Paulo César da Costa. *Geografia e modernidade*. Rio de Janeiro: Bertrand Brasil, 1996.

Bem divulgado em cursos de Ciências Sociais no Brasil, esse livro é matéria imprescindível para se compreender como a noção de modernidade foi se transformando historicamente. O tema é enfocado pelo olhar do geógrafo, com grande erudição e domínio da temática.

HARVEY, David. *Condição pós-moderna*. São Paulo: Loyola, 1992.

David Harvey é considerado, atualmente, um dos maiores geógrafos do mundo. Sua produção, que alcança o nível filosófico, procura mostrar como as transformações mais recentes no planeta atingem, também, as noções de tempo e de espaço.

IANNI, Octavio. *Teorias da globalização*. Rio de Janeiro: Civilização Brasileira, 1996.

O sociólogo Octavio Ianni fez um texto bastante denso e didático para mostrar as diferentes metáforas que podem ser utilizadas para expressar o que é a globalização. Em outro plano, discute como as mudanças nos sistemas produtivos podem ser explicadas pelas ideias de Immanuel Wallerstein e Fernand Braudel, que desenvolveram os conceitos de ciclos longos e de sistemas amplos.

LOJKINE, Jean. *A revolução informacional*. São Paulo: Cortez, 1995.

Livro que contém uma abordagem sistêmica da revolução informacional, trabalhando com os limites tecnológicos, detalhando bastante a natureza da informação e relacionando-a com o poder, para perguntar, no final, se a divisão do trabalho se encaminha para seu final.

SANTOS, Milton. *A natureza do espaço*. Técnica e tempo, razão e emoção. São Paulo: Hucitec, 1996.

Principal livro do geógrafo Milton Santos, pode ser considerado uma obra filosófica sobre o conceito de espaço. Chegando à noção de meio técnico-científico-informacional, o autor demonstra como o espaço se transforma, pela produção e incorporação das novas tecnologias, principalmente aquelas voltadas para a circulação das informações.

SANTOS, Milton; SILVEIRA, Maria Laura. *O Brasil*: território e sociedade no início do século XXI. São Paulo/Rio de Janeiro: Record, 2001.

Obra extensa, do ponto de vista da multiplicidade de aspectos tratados, esse livro foi organizado para traçar um panorama do território brasileiro, salientando-se os sistemas produtivos e os sistemas de circulação.

SASSEN, Saskia. *As cidades na economia mundial*. São Paulo: Nobel, 1996.

Com esse livro, a autora disseminou, para o mundo, sua leitura das grandes metrópoles, chamadas por ela de cidades globais, que formam, seletivamente, um sistema de cidades cujo papel é comandar a economia mundial, estando interligadas pelos mais modernos e eficientes meios de comunicação.

SCHAFF, Adam. *A sociedade informática*. São Paulo: Unesp/Brasiliense, 1990.

Embora não tenha sido publicado recentemente, esse livro ainda pode ser considerado importante porque nele se estabelece um esquema para a leitura e a interpretação da sociedade dependente da internet.

SOUZA, Marcelo Lopes de. *ABC do desenvolvimento urbano*. Rio de Janeiro: Bertrand Brasil, 2003.

O livro tem como um de seus objetivos discutir o que é a cidade em uma linguagem acessível ao estudante do ensino médio. Nele, são trabalhados temas como o que é a cidade, o que são os conflitos sociais nas cidades, o que é desenvolvimento urbano e quais são os instrumentos para a reforma urbana.

SPOSITO, Eliseu Savério. *A vida nas cidades*. São Paulo: Contexto, 1994.

Texto produzido com a preocupação de oferecer, aos alunos do ensino médio e aos ingressantes dos cursos de Geografia, uma noção ampla e superficial da cidade. Com muitas ilustrações, apresenta aspectos do urbano que poderão ser aprofundados com as outras leituras sugeridas neste item.

VILLAÇA, Flávio. *Espaço intraurbano no Brasil*. São Paulo: Nobel/Fapesp, 1998.

Situando suas análises na metrópole e atendo-se aos exemplos brasileiros, o autor expõe o que é o espaço intraurbano e como ele se estrutura, mostrando aspectos da segregação urbana, dos bairros industriais, dos bairros residenciais e do que é o centro da cidade.

Sítios (ou sites)

www.cybergeography.org/atlas/

Sítio (ou site) com vários links que propiciam, ao usuário, a consulta a mapas e figuras como nova linguagem para visualizar as redes, as configurações internas dos computadores e as diferenças geográficas entre os países ou dentro de alguns países.

www.fapesp.br

Sítio importante para quem deseja acompanhar, diariamente, o estado da pesquisa que se desenvolve no Brasil em todos os campos do conhecimento.

## Filmes

Neste item, apresentamos rápidos comentários sobre alguns filmes. No entanto, cada pessoa deve formar sua opinião depois de vê-los e analisá-los.

– *A rede*. Filme lançado em 1995, quando a internet se consolidava no mundo todo, mostra como se pode produzir e comercializar um software e, por meio dele, disseminar um vírus que combate outros programas operacionais. No enredo, uma empresa desenvolve um software com o objetivo principal de dominar todas as pessoas, empresas e organismos governamentais.

– *Matrix*. Nesse filme, o personagem, considerado um predestinado, é treinado para transitar entre o mundo real e o mundo virtual, saindo de sua condição humana para lutar dentro da rede dos computadores que, baseados na sofisticação da inteligência artificial, desenvolveram um esquema de escravização da raça humana para utilizá-la como fonte de energia, no lugar das baterias elétricas.

– *Matrix reloaded*. Sequência da saga do personagem Neo. Agora ele deve lutar contra os vírus informáticos que estão exterminando os humanos ainda não escravizados e transformados em fonte de energia. Os computadores, que dominaram o planeta, lutam para prosseguir na posição de donos do mundo. A distância e a distinção entre ficção e realidade tornam-se confusas, o que exige do espectador bastante atenção para formar sua própria interpretação.

– *As invasões bárbaras*. Nesse filme, é interessante observar como um personagem, agente de negócios vinculado à bolsa de valores de Londres, com altos ganhos resultantes de negócios de intermediação, permanece o tempo todo interligado com seus colegas de empresa naquela cidade. Ele se encontra no Canadá e utiliza, a todo o momento, o telefone celular e o *laptop* plugado na rede de internet. É interessante observar que, do lugar onde ele está, a diferença de fuso horário para a Inglaterra é de cinco horas, outra característica do planeta que não pode ser esquecida.

# Questões para reflexão e debate

1. Uma primeira sugestão, aproveitando os filmes citados, é que as pessoas se reúnam, assistam aos filmes e organizem debates após a leitura deste livro, procurando identificar, por um lado, os aspectos socioeconômicos da globalização que são inerentes à internet e, por outro, os aspectos tecnológicos que embasaram a ideia do filme.

2. O leitor poderá, revisitando as coleções de livros didáticos que utilizou no ensino fundamental (de 5ª a 8ª séries) ou no ensino médio, procurar estabelecer relações entre o conteúdo das coleções e o conteúdo deste livro, considerando-se a noção de rede de comunicações e alguns padrões de desenvolvimento tecnológico do Brasil e de outros países, como: quantidade de usuários da internet, capacidade de produção de softwares, principais fabricantes de computadores. Essa atividade deverá ser realizada com o auxílio de jornais e revistas especializadas em informática, para que o leitor tenha a oportunidade de cruzar informações e tirar conclusões para a melhor compreensão do que é a cultura da internet.

3. Utilizando seu computador, o leitor poderá "navegar" pela internet para localizar o sítio citado da *cybergeography* e estabelecer comparações entre os dados, as configurações e a apresentação dos mapas localizados. Essa atividade tem como objetivo principal o desenvolvimento da capacidade cognitiva para ler os mapas, comparar suas apresentações em termos de escala, cor e densidade de sinais, e a elaboração de um texto de uma página, no máximo, no qual o aluno explicará, aos colegas de convivência ou de sala de aula, o que considerou mais significativo.

4. Outra atividade que consideramos interessante é a reflexão sobre as seguintes questões:

    a) Na sua cidade, há provedores de internet? Se há, quantos e quais são? E se você tem um endereço eletrônico com algum provedor local, é possível entrevistar um funcionário da empresa para ter noção de como ela funciona?

    b) Procure, em jornais e revistas, dados que ajudem você a compreender o que é desemprego tecnológico.

    c) Finalmente, faça uma listagem, entre as músicas que você conhece, das que tenham alguma referência às transformações recentes nas cidades, principalmente aquelas relativas à circulação de veículos e à migração das pessoas, em um primeiro momento, para depois pensar em outras músicas que tratem de temas decorrentes da implantação de redes de energia e de telefone.

5. Esta é uma sugestão de música para que o leitor, depois de ouvi-la atentamente, compare a letra com seu cotidiano e com aquilo que ele entende por globalização e internet.

## Pela internet

De Gilberto Gil, interpretada por ele mesmo (CD *Quanta*)

Criar meu web site
Fazer minha home-page
Com quantos gigabytes
Se faz uma jangada
Um barco que veleje

Que veleje nesse infomar
Que aproveite a vazante da infomaré
Que leve um oriki do meu velho orixá
Ao porto de um disquete de um micro em Taipé

Um barco que veleje nesse infomar
Que aproveite a vazante da infomaré
Que leve meu e-mail até Calcutá
Depois de um hot-link
Num site de Helsinque
Para abastecer

Eu quero entrar na rede
Promover um debate
Juntar via Internet
Um grupo de tietes de Connecticut

De Connecticut acessar
O chefe da Macmilícia de Milão
Um hacker mafioso acaba de soltar
Um vírus pra atacar programas no Japão

Eu quero entrar na rede pra contactar
Os lares do Nepal, os bares do Gabão
Que o chefe da polícia carioca avisa pelo celular
Que lá na Praça Onze tem um videopôquer para se jogar.

**CONHEÇA OUTROS LANÇAMENTOS
DA COLEÇÃO PARADIDÁTICOS UNESP**

**SÉRIE NOVAS TECNOLOGIAS**
*Da Internet ao Grid: a globalização do processamento*
Sérgio F. Novaes e Eduardo de M. Gregores
*Energia nuclear: com fissões e com fusões*
Diógenes Galetti e Celso L. Lima
*O laser e suas aplicações em ciência e tecnologia*
Vanderlei Salvador Bagnato
*Novas janelas para o universo*
Maria Cristina Batoni Abdalla e Thyrso Villela Neto

**SÉRIE PODER**
*O poder das nações no tempo da globalização*
Demétrio Magnoli
*A nova des-ordem mundial*
Rogério Haesbaert e Carlos Walter Porto-Gonçalves
*Diversidade étnica, conflitos regionais e direitos humanos*
Tullo Vigevani e Marcelo Fernandes de Oliveira
*Movimentos sociais urbanos*
Regina Bega dos Santos
*A luta pela terra: experiência e memória*
Maria Aparecida de Moraes Silva

**SÉRIE CULTURA**
*Cultura letrada: literatura e leitura*
Márcia Abreu
*A persistência dos deuses: religião, cultura e natureza*
Eduardo Rodrigues da Cruz
*Indústria cultural*
Marco Antônio Guerra e Paula de Vicenzo Fidelis Belfort Mattos
*Culturas juvenis: múltiplos olhares*
Afrânio Mendes Catani e Renato de Sousa Porto Gilioli

**SÉRIE LINGUAGENS E REPRESENTAÇÕES**
*O verbal e o não verbal*
Vera Teixeira de Aguiar
*Imprensa escrita e telejornal*
Juvenal Zanchetta Júnior

## SÉRIE EDUCAÇÃO
*Políticas públicas em educação*
João Cardoso Palma Filho, Maria Leila Alves e Marília Claret Geraes Duran
*Educação e tecnologias*
Vani Moreira Kenski
*Educação e letramento*
Maria do Rosário Longo Mortatti
*Educação ambiental*
João Luiz Pegoraro e Marcos Sorrentino
*Avaliação*
Denice Barbara Catani e Rita de Cassia Gallego

## SÉRIE EVOLUÇÃO
*Evolução: o sentido da biologia*
Diogo Meyer e Charbel Niño El-Hani
*Sementes: da seleção natural às modificações genéticas por intervenção humana*
Denise Maria Trombert de Oliveira
*O relacionamento entre as espécies e a evolução orgânica*
Walter A. Boeger
*Bioquímica do corpo humano: para compreender a linguagem molecular da saúde e da doença*
Fernando Fortes de Valencia
*Biodiversidade tropical*
Márcio R. C. Martins e Paulo Takeo Sano
*Avanços da biologia celular e molecular*
André Luís Laforga Vanzela

## SÉRIE SOCIEDADE, ESPAÇO E TEMPO
*Os trabalhadores na História do Brasil*
Ida Lewkowicz, Horacio Gutiérrez e Manolo Florentino
*Imprensa e cidade*
Ana Luiza Martins e Tania Regina de Luca
*Redes e cidades*
Eliseu Savério Sposito
*Planejamento urbano e ativismos sociais*
Marcelo Lopes de Souza e Glauco Bruce Rodrigues

SOBRE O LIVRO

*Formato*: 12 x 21 cm
*Mancha*: 20,5 x 38,5 paicas
*Tipologia*: Farifield LH 11/14
*Papel*: Offset 75 g/m² (miolo)
Cartão Supremo 250g/m² (capa)
*1ª edição*: 2007

EQUIPE DE REALIZAÇÃO
*Edição de Texto*
Ana Cecília Água de Melo (Preparação de Original)
Claudia do Espírito Santo (Revisão)
Oitava Rima Prod. Editorial (Atualização Ortográfica)

*Editoração Eletrônica*
Oitava Rima Prod. Editorial (Diagramação)

**CONHEÇA OUTROS LANÇAMENTOS
DA COLEÇÃO PARADIDÁTICOS UNESP**

**SÉRIE NOVAS TECNOLOGIAS**
*Da Internet ao Grid: a globalização do processamento*
Sérgio F. Novaes e Eduardo de M. Gregores
*Energia nuclear: com fissões e com fusões*
Diógenes Galetti e Celso L. Lima
*O laser e suas aplicações em ciência e tecnologia*
Vanderlei Salvador Bagnato
*Novas janelas para o universo*
Maria Cristina Batoni Abdalla e Thyrso Villela Neto

**SÉRIE PODER**
*O poder das nações no tempo da globalização*
Demétrio Magnoli
*A nova des-ordem mundial*
Rogério Haesbaert e Carlos Walter Porto-Gonçalves
*Diversidade étnicas, conflitos regionais e direitos humanos*
Tullo Vigevani e Marcelo Fernandes de Oliveiras
*Movimentos sociais urbanos*
Regina Bega dos Santos
*A luta pela terra: experiência e memória*
Maria Aparecida de Moraes Silva
*Potência, limites e sedução do poder*
Marco Aurélio Nogueira

**SÉRIE CULTURA**
*Cultura letrada: literatura e leitura*
Márcia Abreu
*A persistência dos deuses: religião, cultura e natureza*
Eduardo Rodrigues da Cruz
*Indústria Cultural*
Marco Antônio Guerra e Paula de Vicenzo Fidelis Belfort Mattos
*Culturas Juvenis: múltiplos olhares*
Afrânio Mendes Catani e Renato de Sousa Porto Gilioli

**SÉRIE LINGUAGENS E REPRESENTAÇÕES**
*O verbal e o não verbal*
Vera Teixeira de Aguiar
*Imprensa escrita e telejornal*
Juvenal Zanchetta Júnior

**SÉRIE EDUCAÇÃO**
*Políticas públicas em educação*
João Cardoso Palma Filho, Maria Leila Alves e Marília Claret Geraes Duran
*Educação e tecnologias*
Vani Moreira Kenski
*Educação e letramento*
Maria do Rosário Longo Mortatti
*Educação ambiental*
João Luiz Pegoraro e Marcos Sorrentino
*Avaliação*
Denice Barbara Catani e Rita de Cassia Gallego

**SÉRIE EVOLUÇÃO**
*Evolução: o sentido da biologia*
Diogo Meyer e Chabel Niño El-Hani
*Sementes: da seleção natural às modificações genéticas por intervenção humana*
Denise Maria Trombert de Oliveira
*O relacionamento entre as espécies e a evolução orgânica*
Walter A. Boeger
*Bioquímica do corpo humano: para compreender a linguagem molecular da saúde e da doença*
Fernando Fortes de Valência
*Biodiversidade tropical*
Márcio R. C. Martins e Paulo Takeo Sano
*Avanços da biologia celular e molecular*
André Luís Laforga Vanzela

**SÉRIE SOCIEDADE, ESPAÇO E TEMPO**
*Os trabalhadores na História do Brasil*
Ida Lewkowicz, Horacio Gutiérrez e Manolo Florentino
*Imprensa e cidade*
Ana Luiza Martins e Tania Regina de Luca
*Redes e cidades*
Eliseu Savério Sposito
*Planejamento urbano e ativismos sociais*
Marcelo Lopes de Souza e Glauco Bruce Rodrigues

Impressão e acabamento